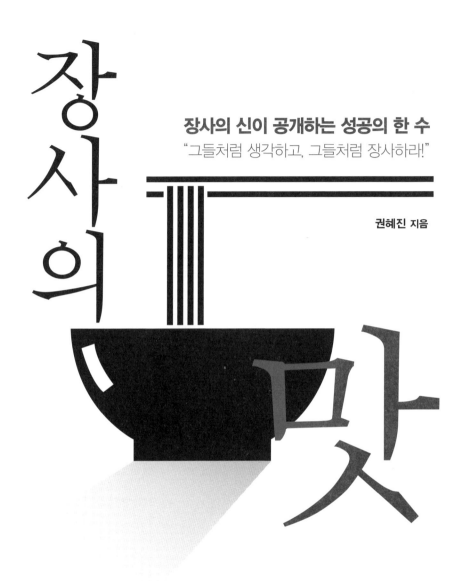

장사의

장사의 신이 공개하는 성공의 한 수

"그들처럼 생각하고, 그들처럼 장사하라!"

권혜진 지음

맛

정한
책방

우리가 진짜 배워야 할 것은
장사의 철학이다

2~30대에 나는 방송작가로서 누구보다 열정적으로 일했다. 하지만 늘 고용이 불안정했고 아무리 열심히 일해도 온전히 내 것이 되는 것은 없었다. 이럴 때 누구나 그렇듯 일에 대한 회의가 생기면서 가슴 한 편에서는 '장사나 할까?'라는 바람이 불어오기 시작했다.

특별한 기술도 재주도 없었지만 유독 음식에 대한 관심은 남달랐던 터라 장사를 한다면 식당을 하고 싶었다. 지난 10여 년 동안 내 머릿속에서 얼마나 많은 가게들이 문을 열었다 닫았는지 모른다. 아무런 준비도 없이 그저 장사에 대한 로망과 허파에 바람만 가득했던 나날들이었다.

그런 나에게 아주 특별한 기회가 찾아왔다. 지난 2013년 11월 CBS 라디오 〈손숙 한대수의 행복의 나라로〉라는 프로그램에서 신설한 '장사의 신'이라는 코너가 그것이다.

자영업자가 창업 후 5년간 생존율은 30퍼센트 수준이며 특히 창업 문턱이 낮은 외식시장의 경쟁은 점점 더 치열해지고 있다. 그만큼 문 닫는 가게도 많다는 점을 감안하여 창업을 준비하는 사람, 장사에 어려움을 겪는 사람들에게 도움이 되고자 마련한 코너였다.

장사에 관심이 많았던 나는 '이것이 기회다' 싶어서 무척 공을 들여서 '장사의 신'이라고 불릴 만한 외식시장의 전설들을 섭외하고자 불철주야 뛰어다녔다.

섭외는 쉽지 않았다. 통화 한번 못해보고 직원 선에서 거절당하는 경우도 허다했다. 방송 출연을 꺼리거나 너무 바빠 한두 시간도 짬을 낼 수 없는 경우도 많았다. 스무 통을 넘게 전화를 돌리고도 섭외가 안 돼서 방송 전날까지 끙끙 앓았던 적도 있었다. 어떻게 1년 6개월간 매주 한 명씩 섭외할 수 있었는지 지금 생각해도 힘겨운 시간들이었다.

하지만 대를 이어온 명가, 성공한 장수 음식점, 대박집 등 외식시장의 전설로 불리는 90여 명의 사장들과 직접 만나 인터뷰한 것은 장사를 꿈꾸던 내게 아주 특별한 시간이었고 많은 깨달음으로 남았다. 우리가 진짜 배워야 할 것은 성공의 비법이나 노하우가 아니라 바로 장사의 철학이라는 것.

나는 특히 그들에게서 성공의 공집합이 있음을 발견하였는데 그것이야말로 장사의 실전 레이블이 될 것이라고 믿었다.

《장사의 맛》을 읽고 나면 분명 여러분도 나와 같은 생각을 품을 것이다. 90여 개의 가게 중 나름의 기준으로 20개 가게를 선별하였다.

첫째, 오너 셰프일 것.

장사가 잘되는 식당이 망하는 이유 가운데 하나가 주방장과의 갈등이라고 한다. 주방을 장악하지 못하면 언젠가 겪어야 할 일이다. 그래서인지 이들은 대부분 자신이 팔고 있는 음식에 대해서만큼은 박사 못지않은 지식과 명장 못지않은 솜씨를 자랑한다.

둘째, 한 가지 음식으로 승부하는 전문점.

치열한 경쟁에서 살아남기 위해서는 선택과 집중이 필요하다. 24시간 한 가지 음식만 생각하고 연구하는 사람과 여러 가지 음식을 생각하는 사람. 누구에게 더 유리할 지는 불 보듯 뻔하다. 손대는 식당마다 대박을 친다는 백종원 씨도 전문점만을 고집하지 않는가?

셋째, 최고의 식재료를 고집한다.

좋은 식재료가 음식 맛을 결정한다는 것에는 이견이 없을 것이다. 이들은 좋은 식재료를 구입하기 위해서 돈을 아끼지 않을 뿐만 아니라 전국 방방곡곡을 누비고 다닌다.

넷째, 아무리 장사가 잘돼도 주인이 가게를 지킨다.

소위 대박이 나면 주인이 주방에서 나오거나 가게를 지키지 않는 경우가 다반사다. 그러나 장수 식당의 공통점은 주인이 가게를 비우지 않는다. 주인이 비운 가게는 구멍이 생길 수밖에 없다고 그들은 입을 모은다.

다섯째, 손님과 나눈다.

장수하는 식당의 공통점은 독식하지 않는다는 것이다. 좋은 재료를 쓰는데 음식 값이 저렴하다는 것은 그만큼 손님과 이익을 나눈다는 의미. 주인이 당장은 챙기는 돈은 적겠지만 손님이 많아지면 결국 그것이 성공의 길이다.

마지막으로, 그들에겐 자신만의 장사 철학이 있었다.

이는 학문이나 이론으로 갖게 된 깨달음이 아니다. 평생을 현장에서 뛰면서 스스로 터득한 장사에 대한 신념이다. 간혹 너무 단순하고, 간혹 너무 당연한 얘기라서 지나치기 쉽지만 그들은 그것을 목숨 줄처럼 붙잡고 장사한다.

이 책은 장사를 위한 족집게 과외 책은 아니다. 물론 맛집 책도 아니며 미식에 대한 스토리도 아니다. 음식을 만드는 사람, 한국 외식시장의 대표 브랜드로 자리 잡은 식당 주인들의 이야기다. 100년 노포, 성공 가게, 대박 식당을 꿈꾼다면 그들처럼 생각하고 그들처럼 장사하라. 그들을 닮아간다면 틀림없이 그들의 성공을 닮게 될 것이다.

Special Thanks To

일생을 통해 얻은 값진 교훈과 장사 노하우를 아낌없이 쏟아주신 사장님들과 책이 가능하도록 해주신 정한책방 대표님, 마음을 담아 사진을 찍어준 이재현 작가 그리고 조건도 없이 후반 사진 작업을 도와준 친구 김준수, 이찬희에게 고개 숙여 감사!

CBS 라디오 〈손숙 한대수의 행복의 나라로〉를 통해 맺은 소중한 인연들 — 종달새 숙언니, 큰곰 대수 할배, 바쁜 와중에도 매주 출연해서 프로그램을 더 윤기 있고 풍성하게 만들어주신 푸드컨설턴트 김유진 대표. 그리고 함께 고생하며 프로그램을 만들었던 이광조, 박재철, 김효진 피디, 귀염둥이 서화정 작가에게도 진심으로 감사를!

지난겨울 노트북 앞에 앉아 지리멸렬한 괴로움으로 몸부림치고 있을 때 내 하소연과 투정을 받아준 주리언니, 현영이, 국희, 혜영, 선미, 미경 등 내 지인들 모두에게 사랑을!

내 글쓰기의 원천인 아빠 용부 씨와 내 감성의 우물 엄마 성자 씨. 마지막으로 이 모든 일을 가능하게 하신 하나님께 영광을!

— 2016년 6월
권혜진

전통 방식 그대로를 지켜가는 사람들

대를 이어온 노포들 대부분은 재료를 다루는 방법부터 음식을 만들고, 장사를 하는 방식에 이르기까지 모두 부모가 하던 방식 그대로를 지키려고 노력한다. 그래야 전통의 맛을 지킬 수 있다고 믿기 때문이다.

손님에 귀천은 없다

식당 문을 열고 들어서는 순간 모두 똑같이 귀한 손님이다. 고관대작도 거지도 같은 음식을 먹는다.

등대 역할을 해주는 스승이 있다

대를 이은 가게에는 부모라는 가장 좋은 스승이 있다. 그들은 대부분 가장 존경하는 인물이자 삶의 멘토로 부모를 꼽았다. 부모가 자식에게 보여준 삶은 그만큼 성실했고 정직했고 올곧았다.

대를 이은 가게도 실패한다

부모가 이룬 명성을 그대로 이어받아 장사한다고 다 성공하는 것은 아니다. 간판 명성만 믿고 설렁설렁 했다가 문 닫은 가게들도 많다. 게다가 사람들은 주인이 바뀌는 순간, 음식 맛도 바뀌었다고 느낀다.

Chapter 1.

대를 이어온
음식의 명가

낙원떡집

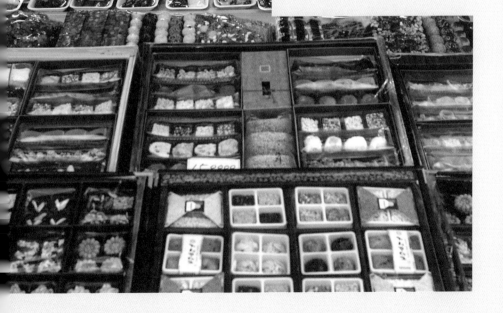

4대를 이어도
한결같이

— 이광순

"이광순 사장님 계세요?"

처음 〈낙원떡집〉에 전화했을 때 이광순 사장은 수영하러 가고 없었다. 장충동 족발, 신당동 떡볶이, 청진동 해장국, 마포 돼지갈비, 명동 돈가스, 을지로 골뱅이, 왕십리 곱창 등 동네 이름이 음식점의 고유명사로 자리 잡은 가게들이 있다. 보통은 '진짜 원조'집이 있기 마련이지만 같은 골목에 '원조'를 주장하는 집들이 즐비한 것도 사실이다. 누가 '원조냐'를 두고 싸우다 법정까지 가기도 한다.

그리고 떡집 하면 낙원동이 서울 어디에 붙어 있는지 모르는 사람들조차 자연스럽게 〈낙원떡집〉을 떠올린다. 낙원동을 떡 동네로 만든, 바로 그 원조집이 이 집이다. 그런 떡집 주인이라면 수영이나 다

니면서 여유를 부림직도 할 것이다. 뒤
에서 다시 얘기하겠지만 이건 나의 섣
부른 판단이었다.

처음 〈낙원떡집〉의 떡을 만난 건
1990년대 중반 방송 일을 처음 시작할
때였다. 인사동과 길 하나를 사이에 두
고 있는 낙원동은 예부터 떡집으로 유명했다. 어려서부터 떡을 좋아
했던 나는 인사동에 볼 일이 있거나 놀러갈 일이 생기면 일부러 〈낙
원떡집〉에 들렀다.

처음 〈낙원떡집〉을 찾았을 때 그 전설적인 떡집의 떡은 어떤 맛일
까? 얼마나 맛있을까? 잔뜩 기대에 부풀어 포장을 뜯는 손길부터 성
급했다. 처음엔 실망이었다. 어릴 때부터 먹던 떡과 크게 다르지 않았
던 것이다. 오히려 더 심심했다. 아니, 담백하다고 해야 하는 건가?

당시 내 입맛은 잦은 외식으로 인해 조미료와 패스트푸드 등의 자
극적인 맛에 익숙해져 있을 때였다. 그럼에도 불구하고 인사동에 갈
일이 생기면 〈낙원떡집〉을 들르곤 했다. 투박하고 담백한 그 맛은 어
릴 적 먹던 할머니 떡을 떠올리게 했다. 할머니는 시루떡을 자주 해주
셨는데 팥고물을 잔뜩 묻힌 시루떡이 어린 내 입맛에는 별로였다. 차
라리 무쇠 뚜껑에 노릇노릇 구워낸 인절미나 설을 보낸 후 딱딱해진
가래떡을 화롯불에 구워 꿀에 찍어먹는 걸 훨씬 좋아했다. 물론 지금
은 팥고물이 잔뜩 묻은 시루떡을 너무 좋아한다.

〈낙원떡집〉에서 안국역 방향으로 10여 미터 떨어진 곳에 〈낙원떡집〉 공장이 있다. 그곳에서 떡이 만들어진다. 간판에는 한복을 곱게 차려입은 참한 색시가 떡을 빚는, 빛바랜 사진이 함께 새겨져 있는데 사진 속 색시가 바로 〈낙원떡집〉의 3대 이광순 사장이다. 사진 속 젊은 색시는 이제 칠순을 훌쩍 넘긴 할머니가 되었다.

얼마나 오랫동안 떡을 빚어왔던 것일까…. 떡을 우물거리며 그 사진을 보고 있노라면 늘 그것이 궁금했다. 그러나 이곳의 역사는 이광순 사장이 살아온 세월보다 두세 갑절 오랜 역사를 갖고 있다.

가장 무서운 건 입소문이다

교토의 북쪽, 이마미야 신사 앞에는 '이치와'라는 가게가 있다. 1000년이 넘은 떡집이다. 이곳의 메뉴는 1000년 동안 오직 하나, 구운 인절미다. 아직도 주인이 직접 숯불 앞에 앉아 떡을 굽고 있다. 비교조차 부끄럽지만 그나마 한국인의 면을 세워주고 있는 떡집이 100년 된 〈낙원떡집〉이다.

지난 100년간 한국처럼 심한 평지풍파를 겪은 나라도 드물 것이다. 일제 강점기를 지나 한국전쟁으로 나라 전체가 폐허가 됐고 이후 세계가 경이로워할 만큼 빠른 경제 성장을 이루며 도시를 10년에 한 번씩 갈아엎었다. 그 소용돌이 안에서 그것도 낙원동 한 자리에서

100년을 지킨다는 게 쉽지는 않았을 것이다. 물론 이건 순전히 내 생각이다. 노포가 별로 존재하지 않는 것에 대한 아쉬움을 스스로 달래보려는 위로다.

낙원동이 떡집으로 유명해진 이유는 1910년 한일병합조약 이후 궁 밖으로 쫓겨난 수라간 나인들이 낙원동에 터를 잡고 호구지책으로 궁중 떡을 빚어 팔면서라고 한다.

"비원 근처 원서동에 상궁들이 모여 사는 동네가 있었어요. 우리 외할머니가 그 동네에 살았고 그중 한 분을 알게 돼 궁중 떡 만드는 법을 전수받았지요."

이광순 사장이 어머니께 전해들은 얘기다. 결국 〈낙원떡집〉의 원천기술은 궁의 수라간 상궁 가운데 한 사람의 솜씨라는 것이다. 아쉽게도 그 상궁에 대한 이야기는 3대째 〈낙원떡집〉을 이어온 이광순 사장조차 알지 못했다.

궁인이었으니 자녀가 있을 리는 만무하고, 추측컨대 어릴 적부터 궁에서 갈고 닦은 솜씨를 누군가 한 사람에게 전수한다는 건 많은 의미를 가졌을 것이고 그만큼 재능과 실력을 갖췄을 것이며 예부터 음식은 만드는 사람의 마음을 담는다고 믿었으니 인품도 빠지지 않았을 것이다. 그 모든 걸 모자람 없이 갖추고 있는 사람이라고 판단했기에 전수자로 택했을 것이다. 물론 아닐 수도 있다. 수라간 상궁이었다는 말에 내가 떠올릴 수 있는 건 '대장금'뿐이니까.

〈낙원떡집〉의 역사는 일제 강점기였던 1919년으로 거슬러 올라간

다. 궁인에게 궁중 떡을 전수
받은 故 고이뻐 할머니(이광순
사장의 외할머니)가 요즘으로
치면 창업주다.

"외할머니는 어떤 분이셨
나요?"

아쉽게도 그는 외할머니에
대한 기억을 별로 갖고 있지
않았다.

"제대로 기억이 안 나요. 늘 우리에겐 못난 떡만 주셔서 할머니가
미웠죠. 잘된 것은 팔아야 하니까 당연했던 건데 그때는 그걸 이해 못
할 만큼 어렸어요."

해방을 맞은 후, 셋째 딸인 김인동(이광순 사장의 어머니) 할머니가
떡집을 물려받았지만 곧 한국전쟁이 터졌다. 김인동 할머니는 충남까
지 피난길을 가면서도 틈틈이 떡을 만들어 팔며 가족의 생계를 꾸렸
다. 그리고 1953년 전쟁이 끝나면서 다시 낙원동으로 올라와 별다른
이름도 없던 점포에 처음 〈낙원떡집〉이라는 상호를 붙이고 본격적으
로 장사를 시작했다.

예나 지금이나 가장 무서운 건 입소문이다. 맛있다는 입소문이 나
면서 〈낙원떡집〉은 그야말로 우리나라의 내로라하는 정재계 인사들
의 단골집으로 자리 잡기 시작했다. 이승만 대통령부터 박근혜 대통

령으로 이어지는 70여 년간 청와대의 단골 떡집으로도 유명했다.

"솔직히 청와대로 들어가는 떡은 뭐가 달라도 다르지 않나요? 그래야 했던 시절도 있었잖아요."

당연히 그럴 거라고 생각했다. 하지만 이런 질문에 그는 전혀 흔들림이 없었다.

"어머니는 청와대에서 주문하는 떡이라고 특별히 다르게 만든 적이 없었어요. 청와대 직원이 와도 가판대에 놓인 떡이나 썰고 있는 떡을 내놨어요. 지금도 마찬가지예요. 실수하면 안 되니까 신경은 더 쓰지만 다르게 만들지는 않아요."

열아홉부터 어머니를 도와 같이 떡을 만들던 맏딸 이광순 사장은 1980년 10월 〈낙원떡집〉을 정식으로 이어받았다. 그때 나이 서른다섯이었다. 5남매 중 이광순 사장을 제외한 나머지 넷은 모두 미국으로 이민을 떠났다. 어머니도 함께였다. 어머니는 LA에서 셋째 아들과 함께 떡집을 운영하고 있다. 하지만 한국에서 만들던 그 맛을 보기는 어렵다고 한다. 미국 쌀은 보기도 좋고 밥을 해도 훌륭한데 막상 떡을 해 놓으면 쫄깃하지가 않고 뻣뻣해진다니 왜 우리 음식은 우리 땅에서 나오는 재료로 만들어야 하는지 그 해답이 나온다. 그런데 이광순 사장만 한국에 남게 된 이유는 뭘까?

"바깥양반이 안 간다고 해서 못 갔어요. 한국에 남아서 나라를 지켜야 한다나 뭐래나…. (웃음)"

남편 김정귀 씨는 이후 〈낙원떡집〉을 함께 이끌어 가는, 없어서는 안 될 파트너로 35년간 호흡을 맞춰왔다.

지킬 것은 지킨다

당시 방송 출연을 요청 하고자 여러 번 시도한 끝에 이광순 사장과 통화할 수 있었다. 그는 다리가 아파 치료 삼아 수영을 다닌다고 했다.

쌀을 씻고 불려서 만들어야 하는 떡은 무거운 대야를 이리저리 들었다 놨다 하기 때문에 허리와 관절이 남아나질 않는다. 1980~90년 대에는 목기에 떡을 담아 머리에 이고 배달을 했다고 한다. 쌀 한 말이면 8킬로그램이고 떡으로 만들면 10킬로그램 가까이 된다. 이것을 머리에 이고 서울 시내 안 가는 곳 없이 배달을 다녔다니 떡 방앗간 3년 하면 남아나는 뼛골이 없다는 말은 괜한 소리가 아니었다.

목동 CBS 스튜디오 대기실에서 그를 처음 만났을 때 나는 적잖게 당황했다. 떡집에 걸린 사진 속 곱던 색시는 오간데 없었다. 그는 마치 펭귄처럼 뒤뚱거리며 걸었다. 떡집 하느라 망가진 양쪽 고관절을 모두 수술하고 허리 디스크 수술도 두 번이나 했으니 몸이 온전할 리가 없었다. 재활 치료도 6개월 이상 받고서야 그나마 걸을 수 있다고 한다.

뒤뚱거리며 걸어오는 이광순 사장 뒤로, 체격이 왜소한 남자가 떡을 싼 커다란 보자기를 들고 따라왔다. 남편 김정귀 씨였다. 맛이나 보라고 가져왔다면서 떡을 담은 목기를 가뿐하게 건네는데 나는 그것을 받아들다가 너무 무거워 그만 떨어뜨릴 뻔 했다.

목기 쟁반에 담긴 갖가지 떡은 들기도 힘들 만큼 무거웠다. 왜소한 체격에 칠순을 훌쩍 넘긴 노인이 그렇게 가뿐히 들고 왔다는 게 믿기 힘들 정도였다. 이보다 몇 배나 무거운 떡을 머리에 이고 배달했을 거라고 생각하니 지금껏 이광순 사장의 목과 척추가 남아 있다는 게 더 신기했다.

그와 처음 마주 앉았을 때 약간 우습기도 하고 안쓰럽기도 했다. 너무 진한 짝짝이 눈썹과 비뚤비뚤 바른 붉은 립스틱 때문이었다. 서툰 화장은 이광순 사장이 얼마나 오랜만에 화장대에 앉았고 얼마나 오랜만에 바깥나들이를 했는지를 고스란히 말해주는 듯했다.

표정은 긴장으로 굳어 있었고 처진 볼과 고집스럽게 다문 입술이 마치 화난 사람처럼 보였다. 전화로 한 시간 넘게 통화를 했건만 선뜻 말 걸기가 어려웠다. 나로서는 최대한 상냥하게 이런저런 말을 건넸지만 그의 굳은 얼굴은 좀처럼 풀어지지 않았다. 심지어 내 말을 듣는 둥 마는 둥 무성의한 단답형 대답을 하거나 아예 대답조차 하지 않았다. 이것이 첫 대면이었다면 무뚝뚝한 심술보 할머니라고 생각했을 것이다. 그만큼 긴장을 한 것일까, 낯을 가리는 것일까?

청와대로, 정재계로, 국세청으로 다니며 이보다 더 긴장된 순간들이 수없이 많았을 것인데 칠순을 넘긴 노인을 저렇게 긴장하게 만드는 건 무엇일까? 그 이유조차 물어보기 어려울 정도로 이광순 사장이

어려웠다. 나중에 얘기를 들어보니 생방송은 처음이라 엄청 긴장한데다 워낙에 말수가 적고 말하기를 즐기는 타입이 아니라고 했다. 방송이 끝나자 표정이 한결 밝아졌고 말투도 부드러워졌다.

이광순 사장은 낙원동에 40년 가까이 터를 잡고 살았지만 약국이랑 사우나밖에 가 본 데가 없고 휴가도 한번 못 가봤다고 한다. 그러니 화장이 서툴 수밖에.

〈낙원떡집〉은 1년 365일 연중무휴다. 떡집 하면서 하루도 쉬어본 적이 없단다. 그렇게까지 해야 하는 이유가 뭘까?

"떡 예약이 하루도 없는 날이 없었어요. 그러니 쉴 수가 있나요."

맞춤 떡은 돌, 칠순 같은 잔치나 개업식, 기공식 같은 행사 등 미리 정해진 날에 맞추기 마련인데 떡은 미리 해놓을 수가 없으니 쉴 수가 없었던 것이다.

"나는 평생 떡만 만들고 살아서 할 줄 아는 게 아무것도 없어요. 노래도 못 하고 춤도 못 추고."

어머니와 형제자매들 그리고 딸이 미국에 사는데도 비행기 한번 못 타봤다는 그의 고된 삶이야말로 100년 전통의 〈낙원떡집〉을 유지케

하는 비결일 것이다. 이후 조카딸 결혼식이 있어서 드디어 LA에 갔다고 한다. 그런데 3일 만에 돌아왔단다. 일본도 아니고 어머니와 형제자매가 모두 있는 LA까지 가서 고작 3일이라니.

요즘은 많이 달라졌지만 예전에는 아들이나 며느리가 가업을 이어받는 경우가 많았다. 어떻게 딸이 그것도 결혼한 딸이 가업을 이어받았을까?

"젊어서부터 솜씨가 메주였어요. 할 줄 아는 게 없었지. 그래도 성실은 해서 그저 시키는 일은 곧이곧대로 잘했지요. 떡 만드는 일도 어머니가 시키는 대로만 했어요. 딴 짓 안 하고."

요즘 같으면 융통성이 없다는 말을 듣기 십상이겠지만 〈낙원떡집〉이 옛 맛 그대로를 지킬 수 있었던 이유는 시키는 대로 딴 짓 안 하고 곧이곧대로 하는 이광순 사장의 올곧은 성격 덕분이 아니었을까?

이광순 사장이 〈낙원떡집〉을 이어받은 1980년도만 해도 서울 시내 떡집이 100군데도 되지 않았다. 그중 낙원동에 20여 개가 몰려 있었다.

"1980년대만 해도 일일이 손으로 만들었기 때문에 매일 새벽 네 시에 일어나 밤 열두 시 넘어서까지 일했어요. 집에 갈 때면 졸면서 걸을 정도로 힘든 시절이었죠. 잠 한번 실컷 자 보는 게 소원이었어요."

몸은 고될지언정 덕분에 돈맛은 좀 봤을 것이다. 우리나라 사람들이 떡을 가장 많이 먹은 시기는 1980~90년대다. 이후 먹을거리가 다양해지고 케이크 등 서양식 디저트가 들어오면서 떡은 예스러운 음식으로 밀려나기 시작했다.

대를 잇는 가게들의 최대 장점이자 단점은 큰 실패가 없다는 점이다. 하지만 크고 작은 실수나 사고는 누구에게나 있을 터. 이광순 사장도 등골이 오싹해지는 일이 여러 번 있었다.

나라에서 태릉선수촌을 지을 때의 일이다. 개원식에 쓸 떡 6,000개를 주문 받았다. 나름 정성을 들인다고 나무 도시락에 떡을 담았는데 당일 배달을 가서 열어보니 이상한 냄새가 났다.

"떡 기름이 소나무 향과 합쳐지면 이상한 냄새가 난다는 걸 그때 처음 알았어요."

선수촌 관계자들한테 개원식에 떡을 못 쓰니 당신들이 책임지라며 눈물 쏙 빠지게 혼나고서 트럭에 싣고 돌아오며 참 많이 울었다고 한다.

"나이도 어리고 경험도 없던 때였어요. 그런데 동네 창피해서 그 떡을 가져올 수가 있어야죠. 냄새만 그렇지 떡에 이상이 있는 건 아니어서 양로원에 주고 왔어요."

그날 이후 음식 배상 보험을 들었다. 한번은 칠순 잔치에 그만 돌잔치용 떡을 보낸 적도 있었다. 가족들이 노발대발했지만 그날 주인공이었던 칠순 노인이 앞으로 더 살라는 뜻이라며 오히려 기뻐해준 덕분에 위기를 모면할 수 있었다.

TV에 나오면서 유명세도 많이 탔다고 한다. 그런데 어느 순간부터 방송에 나가는 게 두려워졌다. 맛집으로 방송 한번 타고 나면 국세청에서 세무감사가 나왔던 것이다. 세금 도둑인 줄 알고 장부는 물론이고 쓰레기통까지 다 뒤져갔다.

"세무감사를 세 번이나 받았어요. 세무감사가 나오면 으레 세금을 두들겨 맞았죠."

20여 년 전까지만 해도 그랬다.

새벽 네 시에 일어나 밤 열두 시가 넘도록 일을 하니 자녀들을 돌볼 틈도 없었다.

"그래도 3남매가 모두 좋은 대학(서울대, 이화여대, 일본 청산대)을 나왔어요. 떡 장사 하면서 자식 교육 잘 시켰다고 내가 '한석봉 엄마'라고 부릅니다. 하하하."

남편 김정귀 씨가 기다렸다는 듯 너스레를 떨자 긴장으로 굳어 있던 이광순 사장 얼굴에 처음으로 보일 듯 말 듯한 미소가 감돌았다. '떡'밖에 할 줄 모르고 인생의 전부를 떡 만드는 일에 바친 이광순 사장에게도 명문 대학을 나온 자식은 자랑거리임에 분명했다.

투박하지만 정직하게

1980년대는 연탄불로 떡을 만들었다. ― 그 이전에는 장작불이었으니 번거로움이야 말할 필요도 없겠다 ― 그때는 떡이 다양하지 않아서 약식, 바람떡, 개피떡, 송편, 인절미, 절편 정도였다. 일일이 수작

업으로 하던 시대라 만들기는 더 힘들었다. 이후 석유 버너로 바뀐 것도 획기적이었지만 지금은 스팀으로 떡을 쪄내니 예전에 비하면 떡 종류는 많아도 일은 많이 수월해졌다고 한다.

요즘 〈낙원떡집〉에서 만드는 떡의 종류는 대략 30여 가지다. 오색경단, 호박설기, 무지개떡, 두텁떡 등 생경한 떡들이 더 많다. 이들은 오래 전에 먹었던 궁중떡이다. 물론 백설기, 인절미, 절편, 찰떡 등 우리에게 익숙한 떡들도 있다.

그중 가장 자신 있는 떡이 뭐냐고 묻자 그는 잠시 망설였다. 모두 자식 같은 떡들인데 하나를 콕 찍으라니 망설여지는 게 당연하다. 잠시 후 이광순 사장이 〈낙원떡집〉 최고로 꼽은 떡은 현미에 쑥을 넣어 만든 '쑥 인절미'였다.

아이 주먹만한 크기의 쑥 인절미는 식사대용으로 만들었는데 제일 잘 나가는 떡이기도 하다. 제주도 한라산에서 자라는 쑥을 사용한다. 1년에 이곳에서 쓰는 쑥만 8,000킬로그램이 넘는다.

이광순 사장은 지금도 여전히 어머니에게 전수받은 그대로 떡을 빚는다.

"모양만 내서는 떡의 진미를 내지 못해요. 뭔가 가미를 해도 떡 맛을 잃어버립니다. 떡은 옛날 방식으로 빚는 게 제일 맛있어요."

옛날 방식을 고집하는 〈낙원떡집〉에는 세월의 흔적을 고스란히 느낄 수 있는 물건들이 꽤 남아 있다. 3대째 쓰고 있다는 금고와 떡칼을 비롯해 지금은 찾는 사람이 없어 쉬고 있는 떡살이 아직도 자리 한 켠을 차지하고 있다.

〈낙원떡집〉의 떡은 그를 닮았다. 투박하지만 정직하다. 어떤 유행과 세파에도 흔들리지 않는 굳건한 전통의 맛을 가졌다.

하지만 사람들의 입맛은 변했다. 젊은 사람들 중에는 떡을 좋아하지 않거나 잘 먹지 않는 사람들도 많다. 생일 축하나 잔치도 떡 대신 케이크로 한다. 동네 골목도 빵집이 접수한 지 오래다.

이런 사정은 이광순 사장이 누구보다 잘 알 것이다. 그래서 시도한 것이 2005년 봄 인사동에 〈낙원떡집〉의 첫 분점을 낸 일이다. 젊은이들에게 떡을 홍보하기 위해서다. 한 조각씩 도톰하게 포장된 각종 떡을 모던한 접시에 담고 버터나 밀가루 대신 곡물과 견과류가 건강에 좋다는 점을 부각시키면서 관심을 끌었지만 하루가 멀다 하고 새롭게 밀려드는 서양식 디저트에 대항하기는 역부족이었다.

　〈낙원떡집〉의 4대 가업을 이을 준비를 하고 있는 이광순 사장의 아들 김승모 씨가 젊은 사람의 입맛과 취향을 고려한 떡을 만들고 싶어 하는 것도 그 때문일 것이다. 명문대 경영학과를 나온 재원답게 백화점과 편의점 등 새로운 판로를 구상 중이다. 그러기 위해서는 사람이 일일이 떡을 빚는 수작업으로는 수급 자체가 불가능하다. 공장에서 떡을 빚어야 할 것이다. '떡은 손맛'이라고 믿는 그는 그런 아들이 부담스럽고 걱정된다.

　"그 애는 이론만 갖고 덤벼요. 떡은 하나부터 열까지 직접 할 줄 알아야 하는데…. 일을 벌일 생각만 하지 일을 배울 생각은 안 해. 그럼 안 되는데…."

　쌀가루만 해도 손으로 치는 것과 기계로 치는 것은 맛의 차이가 하늘과 땅 차이인데 공장에서 찍어내면 떡 맛을 버릴 게 뻔하다는 게 이광순 사장의 생각이다.

"〈낙원떡집〉 이름을 달고 가맹점 하면 돈 좀 버실 텐데요."

농담 섞인 질문에 이광순 사장이 부드럽게 받아친다.

"돈이 많으면 뭐하나. 사는 날까지 밥이나 먹고 가면 되지."

〈낙원떡집〉은 전통을 지키려는 3대 대표 이광순 사장과 살아남기 위해 환골탈태를 감행해야 한다는 4대 대표 김승모 씨의 경영 철학이 부딪히고 있다.

이광순 사장은 정직하게 전통 방식으로 떡을 만들어 팔고 밥 안 굶고 살면 되는 시절을 살았다. 하지만 4대로 이어지는 김승모 씨에겐 100년 전통을 계승해야 하는 무게감에 떡의 상품성과 경쟁력을 회복하는 일까지 더해져 〈낙원떡집〉을 운영하기가 녹록하지만은 않을 것이다.

우리에게도 100년, 200년 된 떡집이 있었으면 좋겠다. 그 일을 〈낙원떡집〉이 해줬으면 좋겠다. 아니면 어떤 가게가 할 수 있겠나? 하지만 고객이 외면하면 그 가게가 존재할 수 있을까?

100년, 200년을 이어가기 위해 사람들의 입맛을 어떻게 잡을 것인가는 〈낙원떡집〉의 과제다. 우리 것에 대한 애정으로만 호소하기에 사람들의 입맛은 간사하고 새로운 것에 대한 호기심은 너무 강렬하니까.

그렇다고 이 무거운 짐을 〈낙원떡집〉에만 지우는 건 너무 가혹하다. 개인이 가게 하나를 100년을 지켜줬다면 더불어 그 음식이 전통 음식이라면 — 100년을 이어왔다면 설령 전통 음식이 아닐지언정 전통 음식으로 대접받기에 충분하다 ─ 이젠 나라와 국민도 관심을 갖고 지켜줄 의무가 있다. 그래야 우리도 1000년 떡집을 갖게 될 것 아닌가.

안일옥

좋은 음식을
변함없이 푸짐하게

— 김종열

　누군가 한식을 대표하는 한 그릇 음식을 묻는다면 망설이지 않고 국밥이라고 말하겠다. 삼시 세끼 우리 식탁에서 빠지지 않는 국과 밥을 한 그릇에 담고 맛깔스러운 김치가 기본 찬으로 깔리는 국밥만큼 한식을 대표하는 한 그릇 음식이 또 있을까?

　요즘은 국밥을 먹을 때 국 따로 밥 따로 먹는 경우가 많은데 국밥은 밥이 아예 국에 말아 나와야 한다는 게 내 생각이다. 그래야 밥에 국물 간이 밴다. 국물을 잡아먹는다고? 그럼 이모님을 불러서 청하라.

　"여기 국물 좀 더 주세요~~~!"

　주지 않을 식당이 우리나라엔 없다. 국밥은 고속도로 휴게소의 먹을거리 가운데 가장 큰 인기를 누리는 메뉴다. 국밥은 만드는 과정은

슬로푸드지만 먹을 땐 패스트푸드다.
주문하면 바로 나온다. 휴게소에서 빨
리 먹기에 적합하다는 점이 인기 비결
일 터. 실제로 영동고속도로 덕평자연
휴게소와 경부고속도로 안성휴게소(하
행)의 안성국밥은 휴게소에서 가장 많
이 팔린 음식 중 1, 2위에 올랐다. (2014년 자료)

예부터 국밥은 지역의 특성과 개성을 담아 발전해 왔다. 전주에서
는 콩나물국밥이 사랑 받아 왔고, 부산에는 돼지국밥, 대구는 따로국
밥, 나주는 곰탕, 옥천은 올갱이국밥 그리고 안성은 장터국밥의 대명
사로 알려진 안성국밥이 있다. 휴게소 인기 메뉴 1위로 오른 바로 그
국밥이다.

지금의 안성 장터국밥을 만든 원조집이 바로 〈안일옥(安一屋)〉이다.
〈안일옥〉은 한국에서 다섯 번째, 경기도에서는 가장 오래된 한식당이
다.(농림수산식품부와 한식재단이 펴낸 '한국인이 사랑하는 오래된 한식당' 자
료 중)

안성은 경기 남쪽 끝자락에 위치해 있다. 서울 목동까지는 꽤 먼 거
리라 주인이 와 줄 지는 미지수였다. 한번 찔러나 보자는 심정으로 전
화를 걸었는데 다행히 그때가 8월인데다 평일이라 시간이 된다고 했
다. 가마솥에서 쩔쩔 끓는 음식이니 찬바람이 불거나 주말이었다면
주인장과 통화하기도 어려웠을 것이다.

〈안일옥〉3대 주인인 김종열 사장은 황소 같은 큰 눈에 서글서글한 인상을 하고 있었다. 웃는 얼굴이 딱 인심 좋은 아저씨다. 국밥집 주인답지 않은 수련한 말솜씨가 일품이다.

가마솥에 불 지핀 역사를 되짚어서

경기도 안성은 조선시대에 개성, 수원과 함께 3대 우시장으로 유명했다. 안성 우시장으로 이어지는 길은 '쇠전거리'라 불렸는데 1920년대 초, 故 이성례(김종열 사장의 친할머니) 할머니는 쇠전거리 한 귀퉁이에 작은 가마솥 하나를 걸어놓고 국밥을 팔았다.

남편이 일찍 세상을 뜨고 3남 3녀와 함께 세상에 덩그러니 남겨진, 당시 여성이 할 수 있는 최고의 고육지책이었다. 우시장에서 나오는 소뼈와 내장, 부산물 등을 넣고 푹 끓여 밥을 말아낸 것이 안성 장터 국밥의 시초다.

〈안일옥〉을 키운 사람은 김종열 사장의 어머니 故 이양귀비 할머니다. 그 시절엔 다들 그랬듯이 충남 조치원에서 남편 얼굴도 못 보고 열아홉살에 안

성국밥집으로 시집을 왔고 시
어머니를 도와 장터에서 국밥
을 말다가 자연스럽게 2대로
이어받았다. 이름처럼 얼굴도
곱고 심성도 고와 손님들 사
이에서도 '양귀비 할머니'로

통했다고 한다. 한국전쟁이 끝난 후, 안성 구사거리에 정식으로 가게를
내고 '안성에서 제일 편안한 집'이라는 뜻을 담은 〈안일옥〉이라는 간
판을 단 이도 바로 양귀비 할머니다.

원래 〈안일옥〉의 3대는 3남 6녀 중 장남(김종선)의 몫이었지만
1980년 사고로 갑자기 세상을 떠났다. 축구선수였던 김종선 씨는 국
가대표로 태극마크까지 달았다고 한다. 그래서 둘째 아들인 김종안
씨가 가업을 이어받았다.

경기도 성남의 한 병원에서 사무장으로 일했던 김종안 씨는 안성으
로 돌아와 가마솥에 불을 지폈다. 이후 〈안일옥〉은 인근 도시에 직영
점 다섯 개를 낼 정도로 승승장구했지만 1990년대 말 외환위기 때 사
촌 동생의 빚보증을 서준 게 잘못이었다. 〈안일옥〉 본점까지 날릴 판
이었다.

결국 서울에서 직장 생활을 하던 3남 김종열 사장이 퇴직금에다 살
던 집까지 정리하고서야 겨우본점만 지킬 수 있었다. 이것이 3남 김
종열 사장이 대를 잇고 있는 〈안일옥〉의 아픈 역사다. — 이후 김종안

씨는 모든 걸 잃었지만 실패를 딛고 다시 일어나 '안성장터국밥'이란 식당을 운영 중이다.

하루는 24 시간이 아니다

9남매를 낳아 키우면서 지금의 〈안일옥〉을 일궈낸 양귀비 할머니는 어떤 분이셨을까? 김종열 사장이 기억하는 어머니의 모습은 딱 하나다. 앞치마를 두르고 국자를 들고 가마솥 앞에 서 계신 모습.

어머니는 해산 당일까지 국밥을 말았다. 산통이 느껴지면 그제야 집으로 기듯 들어가서는 애를 낳고 다음 날 바로 식당에 나와 국밥을 마는 나날이 연속이었다. 몸조리는 고사하고 몸을 추스를 여유도 없었으니 자신을 위해서 미역국을 끓였을 리 만무했다. 그렇게 자식 아홉을 낳아 키웠다. 그런 어머니가 자식들에게는 천하장사처럼 느껴졌을 것이다.

어머니에 대한 기억이 또 있는지 물어보자 김종열 사장은 사뭇 진지하게 내뱉는다.

"어머니에겐 분 냄새가 아니라 늘 파 냄새가 났습니다."

파 냄새를 품은 양귀비 할머니는 평생 몇 개의 파를 썰었을까?

설렁탕, 곰탕, 소머리국밥, 내장곰탕, 꼬리곰탕, 도가니탕, 우족탕,

안성맞춤우탕…. 〈안일옥〉의 메뉴다. 뭐가 그리 많나. 원래 노포는 단일 메뉴가 전통인데.

"기본 국물은 같습니다. 곁들이는 고기만 다를 뿐이죠. 예전에는 별 구분 없이 그냥 우탕(牛湯)이라고 했어요. 지금도 그렇게 팔고 싶은데 손님들 취향과 추억이 제각각이니 어쩔 수가 없어요. 똑같은 우탕을 누구는 설렁탕으로, 누구는 곰탕으로 기억하거든요."

어렵던 시절에는 찬밥을 싸 가지고 와서 국만 달라는 손님이 있는가 하면 돈이 없으니 밥을 반만 말아달라는 손님도 있었다고 한다. 손님이 원하는 대로 음식을 주고 돈은 주는 대로 받았다니 양귀비 할머니는 정말 마음도 비단결처럼 고우셨던 모양이다. 1960년대까지만해도 〈안일옥〉에는 정해진 값이나 상차림이 없었다.

그러나 이제는 춥고 배고파서 이곳을 찾는 손님보다 추억이나 명성때문에 찾는 손님이 더 많을 것이다. 〈안일옥〉은 그냥 음식점이 아니라 백년식당의 반열에 올랐으니까.

김종열 사장은 아침에 일어나 제일 먼저 가마솥 불부터 올린다. 센불, 중간 불, 약한 불로 바꿔가면서 17시간 동안 끓여낸 사골 국물은 다음날이 되어서야 손님상에 오르게 된다.

〈안일옥〉은 장터국밥으로 유명세를 타고 있지만 메뉴판 가장 윗줄

에는 '설렁탕'이 자리 잡고 있다. 나는 처음 가는 가게에서는 맨 윗줄의 메뉴를 주문하는 편이다. 그 식당의 대표 메뉴라는 의미니까.

이곳의 설렁탕은 잡내가 없고 고소했다. 심지어 탕이 식었는데도 그 맛이 유지되고 있었다. 100년을 이어온 맛의 비결은 뭘까? 김종열 사장은 처음부터 지금까지 그리고 앞으로도 같은 대답일 거라고 한다.

"어머니 말씀대로 하는 게 전부입니다. 첫째, 식재료를 살 때 외상을 달지 마라. 그래야 좋은 물건을 들인다. 둘째, 냉장고는 늘 채워 놓아라. 그래야 손이 커진다."

좋은 음식을 푸짐하게 내라는 말이다. 이러면 오지 않을 손님이 어디 있을까. 누구라도 〈안일옥〉을 찾은 손님은 배불리 먹고 나가는 것, 그게 〈안일옥〉의 밥장사 정신이다.

김종열 사장이 마는 국밥은 어머니와 할머니의 국밥과 같은 맛일까?

"아무리 같은 방식으로 만들어도 재료도 다르고 불도 다르고(장작불, 연탄불, 가스불) 사람 손도 달라졌는데 같은 순 없겠죠. 오래된 단골 손님들이 '옛 맛'이라고 하시는 건 덕담이죠."

대를 이어오고 있는 여느 식당과 마찬가지로 〈안일옥〉 역시 특별한 레시피가 없단다. 다만 태어나서부터 줄곧 본 대로, 배운 대로 알고 있는 맛 그대로 만들고 있으니 그 맛이 유지되고 있다고 믿는다.

대를 잇는 음식은 왜 그들의 자녀가 또 그 자녀의 자녀가 대를 이어야 하는지 답이 보인다. 타고난 음식 솜씨와 절대 미각으로 무장한 이들도 자손의 핏속에 흐르는 DNA를 따라 잡을 수는 없을 테니까.

부부는 더 이상 외도하지 않는다

앞서 김종열 사장의 말 품새가 예사롭지 않다고 말한 바 있는데 이유가 있었다. 그는 2002~2006년 안성 시의원을 지냈던 것이다. 솔직히 적잖게 실망스러웠다. 〈안일옥〉이란 이름을 지키기 위해 한 치의 망설임도 없이 고향으로 달려온 그가 아니던가. 그런데 정치라니. 김종열 사장은 그것을 '외도'라고 표현했다. 그가 정치판에 뛰어든 이유가 궁금했다.

"고향에 와서 보니 어머니, 아버지 그리고 형님이 그동안 식당만 했던 게 아니었더라고요."

밥으로 오랫동안 봉사를 하고 있었던 것이다. 그는 당연히 해야 하는 일이라고 여기고 그냥 따라했다. 〈안일옥〉이란 명성에 대를 이어 봉사를 하고 있으니 출마 권유를 받는 게 어쩌면 당연했는지도 모르겠다. 주변의 권유를 받고 시의원에 나갔는데 애석하게도(?) 그해 바로 당선이 돼버렸다.

"주인이 딴 짓을 하고 다니니 식당이 제대로 될 리가 없었죠."

〈안일옥〉에 위기가 찾아왔다. 주인 없는 식당이 잘될 리 만무했다. '맛이 변했다'는 말을 들었을 때는 정으로 머리통을 맞은 기분이었다. 재출마 권유도 많았지만 나랏일이 문제가 아니었다. 당장 〈안일옥〉이 위험했다.

정신을 차리고 돌아와 보니 정말 내 입에도 음식 맛이 변해 있었고 가게는 많이 위축돼 있었다. 그런데 딴 짓은 거기서 멈추지 않았다. 홈쇼핑과 가맹점 권유를 받은 것이다.

"위축된 〈안일옥〉이 다시 성장할 수 있는 기회라고 생각했죠."

그 계획에 제동을 걸어준 이는 그가 정치의 달콤함에 빠져 있을 때 남편 대신 묵묵히 이곳을 지켜온 아내였다.

"안성국밥은 〈안일옥〉에 와서 먹어야 제대로지요. 아무데서나 먹는 안성국밥은 의미가 없다고 생각해요."

대량 판매도, 가맹점도 안성국밥의 맛을 제대로 내기 어렵다는 것이 아내 우미경 씨의 생각이다. 남편이 시의원 한다고 밖으로 돌 때 가마솥 옆을 지킨 아내는 홀로 국밥을 말면서 진짜 〈안일옥〉의 며느리가 돼 가고 있었던 것이다.

　김종열 사장의 아내 우미경
씨는 서울에서 나고 자란 서
울 토박이다. 시댁이 국밥집
이었지만 막내 며느리인 자신
이 국밥을 말게 될 거라고는 상상해본 적도 없었다. 그런데 서울에서
직장 생활 잘하던 남편이 별안간 다 정리하고 안성에 내려가서 국밥
장사를 해야겠다고 하는데 우미경 씨는 아무런 반대도 하지 않았다고
한다.

　"하룻강아지 범 무서운 줄 몰랐던 거죠. (웃음) 이렇게 힘든 줄 알았
으면 안 온다고 했을 거예요."

　시댁이었던 〈안일옥〉을 10년 이상 주말마다 드나들었다니 국밥집
에 대한 거부감이 없었던 건 당연할 터. 하지만 카운터나 보고 바쁠
때 홀 서빙이나 하면 되는 줄 알았으니 장사에 대해 몰라도 너무 몰랐
던 것이다.

　서너 식구 살림이나 하던 우미경 씨가 국밥집을 한다는 것이 얼마
나 힘들었을지 한 가지만 예를 들어보고자 한다.

　국밥집에서 국밥만큼이나 중요한 것! 모르는 사람이 있을까. 바로
김치와 깍두기. 특히 국밥집에서 깍두기는 그냥 깍두기가 아니다. 크
기는 적당히 큼직해서 한 입에 먹을 수 없는 게 미덕이다. 깍두기 국

물로 국밥 간을 대신하는 이들도 많다. 고혈압 환자에겐 비추지만 맛은 제대로다.

"김치는 겉절이로 매일 두 번 만들고 깍두기는 일주일에 두 번 담그지요."

김치는 겉절이로 내고 깍두기는 적당히 숙성된 걸 낸다는 얘긴데 매일 겉절이 두 번, 매주 깍두기 두 번을 담그다니 말만 들어도 현기증이 날 얘기 아닌가?

김종열 사장 부부가 〈안일옥〉을 이어받았을 당시, 양귀비 할머니는 파킨슨병으로 몸이 불편해지기 시작하던 때였다. 매일 가게에 나오긴 했지만 일을 하기는 어려운 상황이라 며느리가 당신처럼 일해주길 바랐다. 하지만 요리와도, 노동과도 거리가 멀었던 며느리가 평생 장사만 해온 시어머니를 흉내 내기란 거의 불가능했다.

"다른 일로는 잔소리하는 법이 없으셨죠. 그런데 가게 일로는 늘 마땅찮아 하셨어요. 저로서는 한다고 하는데도… 어머님처럼 하기는 힘들었어요."

시어머니는 모든 걸 당신이 해온 방식대로 해주길 바라셨다. 음식에 정성을 다하는 것이야 당연한 일이고 단골손님의 취향 하나하나를 다 꿰고 계셨던 시어머니는, 저 분은 파를 안 드시니 파를 빼라, 그분은 묵은지를 좋아하시니 겉절이 대신 신김치를 내드려라 등등 손님 한 사람 한 사람 다 맞춰드리라는 주문도 했다.

장사 초보인 우미경 씨에게는 단지 힘든 게 아니라 할 수 없는 일이었다. 하지만 그는 힘들다, 못하겠다는 불평 한 마디 없이 묵묵하게 식당 일을 배워나갔다. 남편이 시의원을 하겠다며 밖으로 돌 때도 싫은 소리 한번 하지 않았다고 한다.

(김종열 사장) "묵묵히 참아줬어요. 나중에 한번은 얘기하더라고요. 〈안일옥〉이 아주 심각하다고."

이제 부부는 서로 딴짓하지 않고 힘을 다해 〈안일옥〉을 지킨다.

다음 100년을 위하여

〈안일옥〉이 오픈한 지 올해 96년째다. 4년 후 100주년을 맞는다.

"한때는 그만두고 싶을 때도 있었어요. 하지만 100년의 역사를 갖게 되니 제 마음대로 그만두지도 못하는 상황이 됐습니다."

지금 김종열 사장은 〈안일옥〉 100년사를 준비 중이다. 이를 위해 예전에 쓰던 물건들과 신문, 잡지 기사, 손님들이 보낸 편지 등을 꼼꼼하게 모아두고 있다. 잘 정리하면 〈안일옥〉뿐만 아니라 대한민국 국밥 역사의 한 페이지가 되리란 기대도 한다.

"제가 못 하면 아들 녀석에게라도 시킬 겁니다. (웃음)"

〈안일옥〉 100년사를 준비하는 그는 생각할수록 아까운 물건이 하나 있다. 어느 날부턴가 육수가 자꾸 줄어들어 가마솥을 비워보니 바닥에 새끼손톱만한 구멍이 나 있었다. 바가지로 육수를 퍼내면서 긁

힌 자국에 세월이 덧입혀져 무쇠를 녹인 것. 망치로 내리쳐도 끄떡없을 무쇠 가마솥도 세월의 무게를 비껴가지는 못했던 것이다.

"그걸 버린 게 제일 아까워요. 어머니 때부터 쓰던 가마솥이었는데…."

아, 정말 아깝다.

김종열 사장의 외아들은 요리를 전공하고 외국 호텔의 조리사로 활동 중이다.

"저는 요리사가 아니어서 어머니가 만드신 음식을 그대로 지키는 일밖에 못했지만 아들에게는 기대가 큽니다. 새로운 메뉴 개발도 해줄 거라 믿고요."

유명 호텔의 셰프였던 아들이 가업을 잇기 위해 시골 국밥집으로 돌아온다는 설정은 정말 드라마틱하다. 전통 있는 일본 식당들의 모습과 닮았다. 요리사 아들이 젊은 열정으로 새 메뉴를 개발하는 것도 의미 있는 일이지만 국밥을 더 소중히 여겨주길 바란다. 그의 할머니가, 큰아버지가, 그리고 아버지가 모든 걸 걸고 지켜온 음식이니까. 그 음식은 〈안일옥〉뿐만 아니라 한식의 역사에도 소중한 음식이니까.

숯골원냉면

밥상 앞에서는 모두
귀한 손님이다

— 윤선

서울에서는 '냉면' 하면, 아니 '평양냉면' 하면 '우래옥', '을밀대', '필동면옥'을 세 손가락에 꼽는다. 하지만 대전에서 나고 자란 내가 최고로 꼽는 냉면은 〈숯골원냉면〉이다.

이 집 냉면은 비주얼부터 다르다. 소고기 편육 대신 닭고기가 올라가고 삶은 달걀 대신 지단이 길쭉하게 누워 있다. 닭 육수를 쓴다는 얘기다. 면은 입술로도 끊길 만큼 부드러우면서 탄력이 있고 닭 육수와 동치미를 섞어 만든 냉면 육수는 담백하고 구수하다. 평양냉면은 원래 다 그렇다고? 나의 서툰 표현에 돌을 던지고 싶다.

음식은 원래 취향을 많이 탄다. 지역 색도 강하다. 김치만 해도 젓국과 고춧가루를 많이 쓰는 전라도 김치에 열광하는 사람이 있는가 하면, 비교적 담백한 충청도 김치를 좋아하는 사람도 있다. 몇 시간씩 줄서서 먹는 맛집이라 해도 내 입에 맛있는 건 아니다. 고로, 〈숯골원냉면〉이 대한민국에서 가장 맛있다는 내 주장도 주관적일 수밖에 없다.

원래 평양냉면은 세 번은 먹어봐야 비로소 그 맛을 조금 알 듯 말 듯 하게 된다고 한다. 조미료에 길들여진 혀가 눈을 뜨는 데 시간이 좀 필요하다는 것이다. 물론 조미료를 팍팍 쳐서 혀에 쫙 감기는 냉면도 있기는 하지만….

나도 그랬다. 90년대 초반 스무 살 무렵이었다. 미식가를 자처하는 중년의 지인과 함께 처음 〈숯골원냉면〉에 갔을 때 육수를 행주 빤 물 같다고 했다가 눈총 좀 받았다. 부끄럽지만 당시 나는 쫄면과 떡볶이를 좋아하는 10대였다는 점을 감안해줬으면 좋겠다. 그래도 부드럽고 탄력 있는 면발은 왠지 자꾸 손이 가서 그 많은 면발을 다 건져 먹고 나오는 길에 배가 빵 터져 죽는 줄 알았다. 〈숯골원냉면〉은 정말 양이 많다. 그때나 지금이나.

〈숯골원냉면〉을 찾는 냉면 초보들에게 팁을 하나 드리자면, 비빔냉면부터 시켜라. 반쯤 먹은 후 공손하게 이모님을 불러 육수를 부탁하라. 먹던 비빔냉면에 과감히 육수를 투하!! 물냉면과는 또 다른 별미다. 나도 그렇게 시작했다.

〈숯골원냉면〉을 최고로 치는 나에게 그 집 사장님을 만난다는 건 가슴 설레는 일이었다. 처음 통화를 했을 때 말수는 적었지만 대전 특유의 정감어린 말투를 사용하는 윤선 사장이 왠지 친숙하게 느껴졌다. 창업자의 며느리로 20년 넘게 〈숯골원냉면〉을 이끌어왔지만 신입사원처럼 겸손했고 가업에 대한 자긍심도 높다는 게 느껴졌다. 특히 〈숯골원냉면〉을 창업한 시아버지를 향한 존경심이 남달랐다.

역사는 돌고 돌아 전설이 된다

1954년 〈숯골원냉면〉을 창업한 박근성 씨는 이북에서 할아버지와 아버지가 경영하던 '평양모란봉냉면' 집의 장손이었다. 일제 때부터 이어오던 가업인데다 제법 규모도 있어서 유복한 어린 시절을 보냈고 이북 최고의 명문 학교 '평양고보'를 졸업했다.

하지만 해방이 되자 그의 집은 자본가라는 이유로 가산을 몰수당했다. 1·4 후퇴 때 잠시 몸을 피하려고 혈혈단신 내려왔던 길이 막혀 청년 고아가 되었고 생계를 위해 가업으로 내려오던 평양냉면을 남한 땅에서 다시 시작했다.

여름 겨울 가릴 것 없이 항상 북적이던 모란봉냉면은 냉면의 본거지 평양에서도 유명한 집이었다고 한다. 이름깨나 날리던 당대 유명인들이 단골로 드나들었다. 그중에는 김일성 주석도 있었고 가끔 어린 김정일의 손을 잡고 오는 일도 있었
다고 박근성 씨는 추억한다.

안면부지의 청년이 찾아와 모란봉냉
면의 장남이라고 하자, 이북 출신 우래
옥 사장은 묻지도 따지지도 않고 흔쾌
히 객식구로 받아준 것만 봐도 모란봉
냉면의 유명세가 어느 정도였는지 짐
작이 간다.

박근성 씨는 기차 안에서 우연히 만
난 대전 처녀와 결혼해 대전에 정착했다. 그리고 지금은 '신성동'으로
지명이 바뀐 '숯골'에 평양냉면집을 시작했다. 숯골은 평안도 피난민
들이 내려와 살던 마을의 옛 이름으로, 숯을 구워 팔던 마을이라고 해
서 숯골이다. 이곳에 제대로 된 평양냉면집이 있다는 소식을 듣고 그
외진 곳까지 찾아오는 이들은 주로 평안도 출신 피난민들이었다. 그
들은 처음부터 〈숯골원냉면〉을 알아주었고 입소문을 타고 손님이 불
어났다.

초창기에는 엉뚱한 봉변도 당했다. 평양냉면을 실제로 먹어본 적
없는 이들이 소문만 듣고 왔다가 '맛이 없다'며 화를 냈던 것이다. 박
근성 씨는 손님이 몇 술 뜨다 남긴 냉면을 물에 헹궈 먹었단다. 귀하
고 아까워서 도저히 버릴 수가 없었던 것이다.

"아버님은 지금도 하루 한 끼는 꼭 냉면을 드세요. 물론 우리 식구

모두 하루 한 끼는 무조건 냉면이죠."

어느 골목이나 마찬가지겠지만 숯골에 냉면이 잘된다는 소문이 나자 숯골 초입부터 냉면집들이 줄줄이 들어서기 시작했다. 원조니, 전통이니 하는 간판을 단 냉면집들이 대로변에 즐비하지만 숯골을 냉면 동네로 만든 원조는 바로 이 집이다.

박근성 씨는 슬하에 아들 둘, 딸 넷을 두었다. 어머니 등에 업혀 냉면집 주방에서 자랐고 걷기 시작하면서부터 냉면집 일을 거들던 둘째 아들 박영홍 씨가 가업을 이어받은 지 벌써 20년이 넘었다. 증조부와 조부가 이북에서 30년, 그 냉면 맛을 고스란히 재현한 아버지가 남한에서 60년 넘게 냉면집을 하고 있으니 〈숯골원냉면〉의 역사는 100년을 눈앞에 두고 있다.

손님은 모두 귀하다

윤선 사장은 첫인상이 정말 좋은 사람이다. 미인이지만 새침하지 않으며 맑고 선한 눈빛이 인상적이다. 특히 웃는 얼굴이 예뻤다. 말수는 적지만 심지가 단단해 보였다.

그런 예비 며느리가 시부모들도 마음에 들었을 것이다. 그래서 처음 인사 온 자리에서 냉면 한 사발을 떡하니 내놓으셨던 게 아닐까. '어디 냉면 맛을 아는가 보자. 우리 집 사람이 되려면 그게 첫째다!'

그런 마음도 있었을 것이다. 이 어여쁜 며느리는 앉은 자리에서 냉면 한 사발을 깨끗이 비웠다. 국물 한 모금 남기지 않았다. 예비 시부모 님 얼굴에 흡족한 미소가 지어진 건 당연하다.

윤선 사장이 원래 냉면을 좋아했던 것일까?

"아니요. 그날 냉면이란 음식을 처음 먹어 봤어요."

냉면이 지금처럼 흔한 음식이 아니어서 딱히 맛볼 기회가 없었는데 참 맛있었다고 한다. 그 집 사람이 되려고 그랬던 것일지도…. 결혼 후 1991년부터 26년간 남편과 함께 〈숯골원냉면〉을 이끌어온 윤선 사장은 처음 10년은 장사가 무척 힘들었다고 한다.

음식을 만들어 파는 일도 고됐지만 냉면이 뭔지, 장사가 뭔지도 모 르고 시집을 왔고 무엇보다 음식과 가게에 대한 자긍심이 없다보니 장사 자체가 창피했다. 투덜대는 손님들을 상대하는 일도 버겁기만 했다. 하지만 불평 한마디 없이 시부모님이 시키는 대로 묵묵히 일했 고 가르쳐주는 대로 배워나갔다.

"지금 생각하면 어떻게 그랬을까 싶을 정도로 정말 열심히 일했 어요."

그런데도 시부모님께 '상냥하지 않다, 친절하지 않다'는 타박을 자 주 들었다고 한다. 타고난 천성이 워낙에 말수가 적고 애교가 없어서 어쩔 수 없는 일이었지만 다행히 손님 절반 이상이 단골손님이라 그 런 점을 오히려 장점으로 봐준다고 한다.

그렇다면 그가 냉면과 가게에 자긍심을 갖게 된 계기는 뭘까? 어

느 겨울, 남편과 단 둘
이 전국 냉면 맛 기행
을 떠났다. 세월도 바
뀌고 사람들 입맛도 변
했는데 너무 옛날 방식
만 고집하는 거 아니냐
는 질문을 끊임없이 받
았던 것이다.

그래서 작정하고 길을 나선 것이다. 전국에 내놓으라 하는 냉면집
을 찾아다녔다. 〈숯골원냉면〉과는 비교도 안 되게 으리으리한 가게에
주눅이 들고 겨울에도 홀을 꽉 채운 손님들이 부럽기도 했다. 하지만
냉면집 투어를 마치고 돌아오는 길엔 그런 선망이 사라졌다.

"우리 집 냉면만한 곳이 없다는 게 저희 부부의 결론이었죠. 정말
맛있는 냉면을 내가 만들고 있구나 하는 자긍심이 생겼어요."

아버님이 늘 하시던 말씀인 "남한 땅에서는 우리 냉면이 가장 완벽
한 평양냉면이야. 우리가 처음이고 제일이지"라는 말에 확신이 드는
순간이었다.

이쯤 되면 많은 사람들이 궁금할 것이다. 왜 육수 만드는데 양지나
사태를 안 쓰고 닭을 쓰는 지. 한국인이라면 머릿속으로 떠올리는 속
담이 있을 것이다. '꿩 대신 닭'. 맞다. 바로 꿩 대신 닭이다.

원래 평양냉면은 꿩을 고은 육수에 동치미 국물을 섞는 것이다. 꿩

을 구하기 힘들면 꿩 대신 닭을 쓰고 아니면 아예 동치미 국물에 말아서 먹는다. '남한에서 가장 완벽한 평양냉면'이라는 박근성 씨의 주장도 여기서 비롯된 게 아닐까 싶다.

겨울철 메뉴지만 〈숯골원냉면〉에는 '꿩 냉면'도 있다. 명맥 유지를 위해 몇 년 전부터 재현하고 있지만 꿩 구하기가 쉽지 않은데다 꿩은 뼈가 많아서 손질이 까다롭다. 그래서 비수기인 겨울 한정 메뉴로만 선보이고 있다.

진짜 냉면의 고수들이 냉면집에 가서 찾는 것이 있다. 바로 면수다. 전문 평양냉면집에서 면수는 마셔도 그만 안 마셔도 그만이 아니다. 식전 면수는 속을 편안하게 해주고 식후 면수는 소화를 돕는다. 간장 2~3방울을 넣어 마셔도 좋다. 〈숯골원냉면〉에서는 '원하는 손님'에게만 면수를 낸다. 마시지 않는 손님도 많은 터다.

면수를 내는 냉면집은 전국에서 열 집도 안 된다고 한다. 사실 수입 메밀을 쓰거나 질 좋은 메밀을 쓰지 않는다면 면수를 내기는 어렵다. 면수를 내는 가게는 우리 집 메밀은 믿고 드셔도 된다는 자부심이기도 하다.

냉면 값 7,000원(2016년 현재). 언제부터 7,000원이었는지 윤선 사장조차 기억하기 어려울 만큼 오래전부터 가격을 고수하고 있다. 특별한 일이 없는 한 올릴 생각도 없단다. 그 이유에 대해 그는 이렇게 말한다.

"단골손님이 많아요. 거의 매일 오시죠. 이젠 식구 같은데 그 분한 테 돈 올려 받는 건 못할 일이죠. 찾아와주시는 것만으로도 감사한 일인데."

참 고마운 손님이 있는 반면, 장사란 참 못할 일이구나 싶게 하는 진상 손님도 분명 있을 것이다. 하지만 윤선 사장은 그런 손님들에 대해서 이렇게 얘기한다.

"괜찮아요. 이상하게 다 괜찮아요. 다 감사해요."

성인군자도 아닌데 어떻게 그럴 수 있을까? 시아버지의 평소 가르침 덕이 아닐까? 박근성 씨는 늘 이렇게 말했다고 한다.

"정승이나 머슴이나 우리 집에 들어오면 다 똑같은 냉면을 먹고 똑같은 값을 치른다. 밥상 앞에서는 모두 귀한 손님이다."

100년 가게의 공통점은 귀한 사람, 낮은 사람 없이 손님을 모두 귀하게 여긴다는 것이다.

남편의 혀가 100년의 레시피

냉면만큼 맛내기 어려운 음식도 드물다. 대를 잇는 주인들만 공유하는 특별한 레시피가 있지 않을까 슬쩍 물어봤다.

"특별한 레시피는 없어요. 닭 육수에 동치미 국물의 비율 정도?"

그마저도 정형화된 레시피가 없단다. 냉면 육수를 만드는 남편의

혀가 레시피일 것이다. 그것은 엄마 뱃속에서부터 그 냉면을 먹어온 그 집 자녀만이 가능한 일이다. 대를 잇는다는 건 그런 거니까.

핏속에 루틴(rutin, 메밀에 함유되어 있는 성분. 혈관을 튼튼하게 한다)이 흐르고 있는 박영홍 씨는 부엌에서 면을 뽑고 육수를 만든다. 윤선 사장은 만두 담당이다. 하루 1,000여 개의 만두를 빚는다.

"곧 만두의 달인으로 나갈 수 있을 거 같아요. (웃음) 초당 몇 개씩 빚고 있거든요."

20년이 넘도록 하루에 1,000개씩 빚는다면 누구라도 만두 빚는 달인이 될 것이다. 좋은 메밀도 필수지만 냉면집에서 가장 신경 쓰는, 중요시하는 식자재는 뭘까?

"가을에 담는 동치미죠. 동치미 국물이 냉면 국물 맛을 좌우하거든요."

한 해에 사용하는 동치미 무만 2만 개. 무나 배추는 작황 상태가 매년 천차만별이라 계약 재배보다 제철에 수확지를 일일이 다녀보고 가장 실한 것들로 구입한다. 찬바람이 불면 박영홍 씨는 좋은 무와 배추가 나왔다는 산지로 직접 달려가 속을 갈라보고 직접 맛을 본다. 그 무로 동치미를 담궈 땅에 묻고 다음해 초부터 순차적으로 꺼내 쓴다.

지금도 김치를 땅에 묻어 쓰는 가게들이 많다. 과학자들이 김치냉장고를 아무리 연구해도 그냥 땅에 묻는 맛을 재현하지 못한다는 건 참으로 아이러니다.

26년간 식당을 운영하면서 윤선 사장이 뼈저리게 실감한 것이 한 가지 있다.

"장사는 머리가 아니라 (단련된) 근육으로 하는 거더라고요."

노하우고 마케팅이고 그런 건 다 두 번째고 장사하기 위해서는 무엇보다 체력 관리가 중요하다. 몸이 힘들면 만사가 귀찮아지고 짜증이 나기 마련이다. 짜증이 나면 손님과 직원들에게 친절할 수가 없다. 부부가 체력 관리를 소홀히 하지 않는 이유다.

자식들에게 물려줄 유산은 맛과 가치

박영홍·윤선 부부에게는 2남 1녀가 있다. 박영홍 씨의 6남매가 그랬던 것처럼 3남매 역시 부모 일을 도우며 하루 한 끼는 냉면을 먹으며 자랐다. 5대를 이을 자녀가 누가 될지 모르지만 부부는 그냥 물려주지는 않을 거라고 한다.

"돈으로는 안 물려줄 겁니다. 돈이 아니라 맛과 가치를 물려줄 겁니다. 그 가치를 알고 제대로 계승할 수 있는 아이에게 물려줄 겁니다."

그리고 부부는 5대를 위해 준비하는 것이 있다. 2,000평 규모의 숲골 농원이 그것이다. 처음엔 잡초와 수풀만 무성한 외진 곳이었지만 두 사람은 직접 잡초를 뽑고 나무를 가꿔 제법 그럴싸한 농원의 모습을 갖추어놓았다. 이 농원에 한옥이 들어설 것이고 손님들은 한옥에서 냉면 한 그릇을 먹고 농원을 거닐 수 있을 것이다. 단순한 식당이 아니라 진정한 쉼터를 만드는 것이 두 사람의 꿈이었던 것이다.

평양냉면집에 가면 머리에 세월의 두께를 하얗게 얹은 손님이 대부분이다. 솔직히 40대는 돼야 그 맛을 알 수 있다. 젊은 사람도 서너 번 먹으면 그 진미를 안다고 하지만 내 경험상 서너 번 갖고는 어림도 없다. 더불어 첫 경험이 별로였던 음식을 또 먹고 다시 먹을 사람이 얼마나 되겠나. 특히 젊은이들이. 더욱이 요즘처럼 맛있는 음식이 넘쳐나는 시대에!

내 경우는 나이 많은 어르신 혹은 미식가들과 자주 일을 한 탓에 의지와 상관없이 평양냉면을 자주 먹으러 다녔다. 처음에는 미쳐버리게 싫었다. 입에 맞지 않는 음식을 먹는다는 건 취향이 아닌 옷을 입는 것보다 몇 배는 더 괴롭다. 열 번 가까이 먹어본 후에야 겨우 '이거 괜찮은데?'라는 생각이 들었다.

평양냉면을 찾는 손님들은 고령화 되어 있다. 젊어서 안 먹던 사람이 나이 들었다고 갑자기 그 음식을 찾을까? 물론, 전통의 맛이 변하는 것을 원하는 사람은 없을 것이다. 하지만 그것은 우리의 소망일뿐이고 〈숯골원냉면〉이 4대에서 5대, 또 6대로 이어져도 사람들이 전통 평양냉면 맛과 가치를 사랑하고 찾아줄 것인지는 장담하기 어렵다. 그것이 전통 음식으로 대를 이어가는 사람들의 고민이고 과제다.

신도칼국수

우리 집 칼국수는
자장면보다 싸야 한다

— 이명주

1980년대 유년시절을 보낸 나는 칼국수를 참 많이 먹고 자랐다. 주말이면 엄마는 어김없이 밀가루 반죽을 치대다가 홍두깨로 — 그때는 홍두깨가 가정의 필수품이었다 — 밀어서 칼국수 면을 만들었다. 우리 집은 진한 멸치 육수에 주로 감자와 호박을 고명으로 올렸다. 마지막에 들깨 한 숟가락을 뿌리거나 얼큰한 걸 좋아하시던 아버지는 청양고추를 송송 썰어 넣은 빨간 양념장을 얹어 드셨다.

칼국수는 참 지겨웠다. 나도 앞집 사는 수정이네처럼 자장면이 먹고 싶었다. 당시 면 요리의 지존은 두말할 필요 없이 자장면이었으니까.

대전에 가면 놀랄 정도로 칼국수집이 많다. 대전은 칼국수 역사가 가장 오래된 지역이라고 한다. 1958년 '대선칼국수'가 개업해 지금까지 성업 중이고 대전역 앞 〈신도칼국수〉는 1961년 문을 열었다. 국물 베이스는 다르지만 두곳 다 반백 년 이상 묵묵히 한 길을 걸어오면서 충청도식 칼국수 맛을 지켜온 곳이다.

요즘은 얼큰 칼국수가 대세인데 아마도 '공주분식' 영향인 거 같다. 한때 '얼큰'을 좋아했던 나도 나이가 들어가면서는 예전 스타일을 찾는다. 내가 말하는 예전 스타일이란 자극적이지 않으면서 진한 국물 맛이 일품인 〈신도칼국수〉 식을 말한다.

나는 〈신도칼국수〉가 있던 대전 동구 정동에서 미취학 시절을 보냈다. 근처 신도극장 뒤쪽에 살면서 개구멍으로 극장을 드나들었고 초등학교에 입학하면서 구에서 구로, 동에서 동으로 이사를 다녔지만 〈신도칼국수〉 근처를 고교시절까지 벗어나지 못했던 이유는 어린 시절부터 다니던 교회가 그 지역에 있었기 때문이다.

전국적으로 치킨집 다음으로 많은 가게가 칼국수집일 것이다. 푸드 컨설턴트 김유진 씨는 '칼국수집은 망하지 않는다'라고 말한다. 그 이유는 마진이 꽤 좋고 많은 인력이 필요치 않기 때문이란다. 할머니 혼자서도 예닐곱 테이블 정도는 거뜬하게 받을 수 있고 소문만 좀 나면

손님을 줄 세우게 하는 마법을 부리는 게 칼국수집이란다. 문제는 그
만큼 칼국수 가게가 많고 많다는 것이다.

여하튼, 그 많고 많은 칼국수집 가운데 〈신도칼국수〉를 선택한 이
유는 하나다. 내 유년시절과 함께한 추억의 맛집이고 나의 소울푸드
이기 때문이다.

사골 국물에 들깨가루가 듬뿍 뿌려져 나오는 이 집 칼국수는 꼬소
~~하고 면발이 부들부들하다. 더불어 배가 터질 만큼 양이 많다. 사
골 육수를 쓰지만 지금도 한 그릇에 4,000원 하는 착한 식당이다.

예전에도 그랬다. 착한 칼국수 가격에는 1988년 작고하신 〈신도칼
국수〉 창업자 김상분 할머니의 장사 철학이 담겨 있다. "자장면보다
싸야 한다"는 것이다. 예나 지금이나 〈신도칼국수〉는 주머니 가벼운
사람들의 축복 같은 식당이다.

칼국수는 경기가 어려울수록 사랑받는 음식

〈신도칼국수〉에 들어서면 벽에 일렬종대로 붙어 있는 크고 작은 다
섯 개의 양푼 그릇이 있다. 찌그러지고 낡고 오래된 양푼들은 그냥 그
릇이 아니다. 1960년대 창업할 때부터 2000년까지 〈신도칼국수〉의
변천사를 한눈에 볼 수 있는 소중한 자료다. 당시 쓰던 양푼을 그대로
보관한 것이라 더욱 귀중하다.

신도 칼국수는 50년의 역사와 전통을 이어갑니다
(1961년창업)

60~70년대	80년대	90년대	1997년	2000년대
50~400원	500~1000원	1100~1700원	2000원	2500~000원

1950~60년대 기차역 앞에는 항상 짐꾼들이 대기하고 있었다. 인도 같은 나라에 가면 지금도 마찬가진데 당시엔 기차 이용객들의 짐이 참 많았다. 메고 이고 양손에 들어도 모자랄 만큼 늘 뭔가 바리바리 들고 다녔다. 기차를 이용한 물류 이동도 적지 않았던 때라 역전에는 늘 짐꾼들이 있었다. 그리고 시골에서 일자리를 찾아 맨 손 쥐고 도시로 올라온 사람들이 모여 살던 곳도 역 근처다.

이렇게 대전역 주변에서 삶을 꾸리고 살아가는 가난하고 허기진 사람들이 적은 돈으로 배불리 먹을 수 있는 식당이 있었으니 그게 바로 〈신도칼국수〉였다.

처음에는 냉면 장사를 하다가 1960년대 초 밀가루가 수입되고 정부가 분식을 장려하면서 칼국수로 전향한 김상분 할머니는 허기진 사람들을 든든하게 먹이고 싶은 마음에 고기 뼈를 고아 육수를 만들었다. 그리고 큰 양은대접이 잘름거리도록 한가득 칼국수를 퍼주고 30원. 그게 〈신도칼국수〉의 시작이다.

1980년대 내가 〈신도칼국수〉를 드나들 때 식당 입구에 걸려 있던 커다란 가마솥에는 하루 종일 사골 국물이 끓고 있었다. 펄펄 김이 오르던 가마솥이 아직도 눈에 선하다. 당시에는 칼국수 한 그릇 가격이 500원 정도였는데 작은 가게가 늘 손님으로 북적였다.

이명주 사장이 들은 얘기로, 서울의 명동칼국수는 창업주가 시어머니께 돈을 빌려가 시작한 가게라는 것이다. 이것이 바로 지방의 작은 칼국수 집의 위력이다. 그 작은 칼국수 집에만 국수를 납품하는 국수 공장이 있을 정도였다.

이명주 사장의 남편이자 김상분 할머니의 외아들인 박종배 씨는 13년간 프랑스 유학을 하고 돌아와 서울에서 직장생활을 시작했다. 그런데 갑자기 어머니가 뇌졸중으로 쓰러져 잠시 휴직하고 고향으로 내려와 가게를 돕고 있었다.

두 사람은 그때 만났다. 그는 남자가 서울에서 직장생활을 하고 있으니 시댁이 칼국수 집을 하고 있었지만 자신이 국수를 삶게 될 거라고는 상상도 못해봤다고 한다. 하지만 결혼 후 갑자기 남편이 어머니가 평생을 지켜온 가업을 이어받겠다고 했다. 그것이 외아들인 자신을 위해 고생만 하다 돌아가신 어머니에 대한 보답이라고 여겼던 것이다.

일본은 창업한 지 100년이 넘은 기업이 2만 개가 넘는다. 대기업 임원이거나 대학교수를 하다가도 가업을 잇기 위해 고향으로 달려가는 게 일본이다. 그것이 비단 시골의 작은 국수가게라 할지라도…. 어쩌면 박종배 씨는 프랑스 유학을 통해 가업과 식당의 가치에 대해 일찌감치 눈을 떴는지도 모르겠다. 그 시절엔 다 그랬듯 이명주 사장은 자신의 의지와 상관없이 남편을 따를 수밖에 없었다.

"오죽 답답했으면 내가 칼국수 집을 할 테니 당신은 그냥 다니던 회사나 다니라고 했겠어요."

유학까지 다녀온 외아들이 칼국수 가게를 이어받겠다고 했을 때 어머니는 반대하지 않았을까?

"아들이랑 워낙 오래 떨어져 지냈던 터라 아들과 함께 있는 것만으로도 그냥 행복하셨던 거 같아요."

박종배 씨가 가업을 이어받겠다고 생각한 결정적 계기는 지방의 작은 칼국수 가게였지만 대기업 월급과는 비교가 되지 않을 만큼 짭짤

한 수입 때문이었다. 또 어머니가 평생을 두고 일군 가게를 그냥 버릴 수가 없어서이기도 했다.

"근본적으로는 어머니를 사랑하는 마음 때문이었던 거 같아요. 효자였거든요."

어머니는 불편한 몸을 이끌고도 가게에 나와 있는 걸 좋아하셨다. 평생의 일터였고 가게가 곧 인생이었던 분이니 당연한 일이었을 것이다.

〈신도칼국수〉는 모든 메뉴가 어머님의 노하우로 만들어졌다. 트레이드마크로 자리 잡은 국물 없는 열무김치는 밀가루 풀 대신 면수를 이용해서 담그는 게 특징이다. 대접에 밥만 달라고 해서 김치를 넣고 쓱쓱 비벼 먹어도 훌륭하다. 칼국수와 짝을 지어주긴 다소 어색하지만 곁들임 찬으로 단무지가 나오는 것도 이 집만의 특징이다.

"어머님은 단무지 써는 소리만 듣고도 오늘 손님이 얼마나 왔는지 아셨죠. (웃음)"

손님이 많아 바쁜 날이면 단무지 써는 소리가 다급하고 경쾌했을 것이며 그렇지 않은 날에는 조금 여유롭지 않았을까? 당신이 모든 과정을 거쳤으니 눈 감고도 알았을 것이다. 실제로 달인의 경지에 오른 식당 주인들은 음식 색깔만 봐도 짠지, 싱거운지, 너무 익었는지, 덜 익었는지 귀신처럼 안다.

김상분 할머니가 생전에 고집하던 장사 철학은 두 가지였다. 첫째,

배불리 먹여라. 둘째, 칼국수 값이 자장면 값보다 싸야 한다. 그 철학
을 존중해 지금도 양은 줄이지 않고 있으며 칼국수 가격도 늘 자장면
보다 저렴하게 유지하고 있다.

그런데 왜 하필 가격의 기준이 자장면일까? 가장 접근성이 좋은 저
렴한 음식이기 때문이다.

"주머니 가벼운 사람들이 자장면을 먹으러 가기 전에 우리 것을 먼
저 먹어야 한다고 생각하셨죠."

칼국수는 경기가 어려울수록 장사가 잘된다. 그래서 섣불리 가격을
올릴 수가 없는 것이다.

"500원을 올릴 때도 심사숙고하게 됩니다."

주인이 바뀌면 음식 맛도 바뀐다

손님은 신기하게도 주인이 바뀌면 음식 맛도 다르게 느낀다. 대를
잇는 식당 주인들이 하나같이 겪는 일이다. 이 문제로 이명주 사장
역시 오랫동안 고심했다. 1988년 김상분 할머니가 돌아가시고 내
외가 식당을 이어받았을 때 다행히 며느리였던 그가 시어머니와 많
이 닮아서 딸인 줄 아는 손님도 많았다. 그게 어느 정도는 도움이 됐
지만 손님들은 여전히 시어머니께서 하시던 때의 맛과 다르다고 말
했다.

어머님의 맛을 지키는 것을 신조로 삼고 있다는 이명주 사장 역시 "그 맛이 아닐 수도 있다"라고 말한다. 재료가 다르고 불이 다르기 때문이다. 예전에는 식자재가 대부분 국산이었지만 지금은 수입을 쓸 수밖에 없으니 당연한 얘기다. 또 어머님은 화학조미료로 감칠맛을 더하셨지만 — 그 시절에는 '마법의 가루'라고 불리는 비싼 화학조미료를 아낌없이 팍팍 넣어주는 〈신도칼국수〉가 우월한 식당이었다 — 지금은 천연재료로 맛을 낸다.

음식을 하는 연료도 바뀌었다. 김상분 할머니는 연탄불을 썼지만 지금은 가스불이다. 오랫동안 장사를 해온 사람들은 하나같이 음식을 하는 연료는 가스보다 연탄이 한 수 위라고 한다. 연탄불이 만들어내는 깊은 맛을 가스불이 따라가기 어렵다는 것이다. 하지만 연탄불을 사용하기는 어려운 게 현실이다.

이명주 사장은 새벽 다섯 시면 사골 솥에 불을 켰다. 그리고 가게 문을 닫는 늦은 밤까지 불 관리를 소홀히 하지 않는다. 칼국수는 아무나 끓일 수 있다. 하지만 누구나 잘 끓이기는 힘들다. 특히 사골육수는 오랜 시간 불의 세기를 조절하면서 끓여야 하는데 거기에는 정성이 가미되어야 한다.

그럼에도 불구하고 〈신도칼국수〉는 대를 이으면서 더욱 번창했다.

"맛을 잘 지키면 손님은 오랜 역사를 배반하지 않는 것 같아요."

물론 맛을 지키기 위한 노력과 연구도 게을리 하지 않은 덕분일 것이다. 이명주 사장은 두부와 오징어를 섞은 대전 지역 대표 메뉴인 두

부두루치기를 새로 선보였는데 칼국수만큼 인기 메뉴로 자리 잡았다. 늘 두부를 먹을까, 오징어를 먹을까 고민하는 손님들을 위해 두부랑 오징어를 섞은 것.

시대가 변하면서 사람들의 입맛도 달라졌다. 그는 〈신도칼국수〉 전통의 맛을 지키면서 요즘 사람들의 입맛을 잡기 위한 노력을 게을리하지 않는다.

"예전보다 더 맛있다는 손님들도 있어요. 그럴 때 제일 기뻐요."

이명주 사장은 자신의 인격을 음식 값에 맞추는 손님들을 대할 때 가장 힘들다고 말한다. 10만 원짜리 한식집에 들어가면 아주 공손한 사람이 4,000원짜리 칼국수를 먹을 때는 인격도 같이 저렴해지는 것이다. 반말은 예사고 욕설을 퍼붓는 손님들 때문에 마음의 상처를 받고 혼자 눈물 콧물 쏟은 게 한두 번이 아니었다. 그렇다면 이런 손님을 대처하는 그의 자세는 무엇일까?

"주방으로 들어갑니다. 더 맛있는 음식으로 코를 납작하게 해줘야지 하는 다짐을 하면서 말이죠."

아이러니한 건 그런 손님도 계속 칼국수를 먹으러 온다는 것이다. 진상 손님들은 음식이 싫어서가 아니라 좋아서 진상을 부린다는 의미일 것이다. 주인이 진상 손님마저 사랑해야 하는 이유다.

오늘도 〈신도칼국수〉에는 주방 직원들과 같은 차림으로 일하고 있는 이명주 사장을 만날 수 있다. 그를 모르는 사람은 그가 직원인지, 주인인지 구분할 수 없을 것이다. 이런 며느리가 있어서 〈신도칼국수〉가 지켜지고 있다. 오래도록 음식 맛을 지키면서 잘되는 식당의 공통점은 주인이 직접 음식을 만들면서 주방을 장악하고 있다는 것이다.

음식을 만드는 그의 가장 큰 고민은 정확한 레시피가 없다는 것. 그래서 본점과 직영점의 맛이 조금씩 다르고 계절 따라, 날씨 따라, 기온 따라 달라지는 것도 있다.

그는 레시피를 만드는 것이 가장 큰 과제라고 생각하지만 나는 다르게 생각한다. 대를 잇는 식당들을 인터뷰해본 결과, 이러한 가게에는 특별한 레시피가 없다는 특징을 가지고 있다. 레시피가 있는 집도 있지만 대부분 공개할 만큼 특별하게 생각하지 않는다. 레시피 만으로 낼 수 없는 맛이라는 것이 분명 존재한다는 것을 노포들은 안다.

칼국수와 함께 성장해서인지 이명주 사장의 중학생 딸은 요리에 관심이 많다. 비가 오면 "엄마 칼국수 먹고 싶어요"라며 어김없이 가게로 나와 칼국수 한 그릇을 뚝딱 비우고 간다. 칼국수보다 스파게티가 좋을 나이인데. 입맛이 남다른 손녀를 보셨다면 할머니가 얼마나 좋아하셨을까? 〈신도칼국수〉 3대는 이 손녀가 잇게 될 것이 틀림없다.

세월은 흘러도 칼국수는 남는다

서울에 멸치 육수를 쓰는 칼국수는 평균 4,000원이며 그보다 저렴하게 먹을 수 있는 집도 많다. 그러나 사골 육수를 쓰는 칼국수가 4,000원이라 하면 전무후무할 것이다.

"고급 한우 쓰고 그 가격은 당연히 못 받죠. 지금은 수육은 칠레산 돼지고기, 뼈는 호주산이에요. 최고가 아니라 언제나 최선을 선택합니다."

마지막에 뿌려지는 들깨가루도 예전에는 참깨가루를 썼는데 가격 오름세를 견디지 못하고 들깨로 바꾸었다. 그럼에도 불구하고 4,000원 칼국수는 넘치도록 착하다.

앞으로는 강하게 성장한 칼국수 집만 살아남을 것이다. 지구 온난화로 여름이 길어지고 있는데다 쌀국수, 짬뽕, 파스타, 우동 같은 대체 가능한 면요리가 쏟아져 나오고 있고 먹을거리가 예전과 비교할 수 없을 만큼 다양해지고 있기 때문이다. 다만 칼국수는 우리 시대 소울 푸드라는 강점을 갖고 있고 한때 쌀국수, 짬뽕 같은 유행 음식을 찾더라도 어느 날 문득 칼국수가 먹고 싶은 날이 있다. 역시 절대 망하지 않는 장사는 칼국수인가?

전주중앙회관

무조건
맛있어야 한다

— 구인숙

　나는 자취를 하면서 비빔밥을 곧잘 해먹었다. 대접에 밥 한 주걱을 퍼넣고 냉장고에 있는 반찬을 모조리 때려 넣는, 내 맘대로 비빔밥이다. 그리고 참기름 살짝, 깨소금 송송 뿌린 후 스윽 비빈다. 밑반찬에 간이 돼 있으니 따로 고추장을 넣을 필요도 없다. 개밥 같다고? 안 먹어 봤으면 말을 하지 마라. 꿀맛이다. 큰 양푼에 비벼서 두서너 명이 금 그어가며 먹으면 셋이 먹다가 둘이 죽어도 모른다.

　재료가 뭐든 밥에 넣고 비벼주면 그게 비빔밥이다. 향토 비빔밥 중에서 가장 유명한 비빔밥은 전주, 진주, 안동 그리고 해주 비빔밥이다. 전주비빔밥에는 콩나물과 콩나물국을 곁들이고 진주비빔밥은 육회와 보탕국, 선짓국과 함께 먹는다. 안동에서는 헛제사밥에 제사에 올리던 전유어와 간장 양념으로 비벼
먹고 해주비빔밥은 닭고기를 찢어 넣
는다.

하지만 비빔밥 하면 단연 전주비빔
밥이라는 것에는 이견이 없을 것이다.
그리고 전주비빔밥의 원조는 〈전주중
앙회관〉이다. 물론 이전에도 갖가지 나물을 올린 비빔밥은 있었을 것
이다. 그러나 우리에게 전주비빔밥 하면 떠오르는 ─ 곱돌 안에서 밥
이 따닥따닥 소리를 내면서 눌리고 갖가지 나물과 고기 등 20여 가지
고명이 정갈하고 아름답게 올라앉은 ─ 그 비빔밥을 처음 세상에 선
보인 집이 〈전주중앙회관〉이다.

비빔밥은 무슨 맛인가? 표현할 수 있는 사람이 있을까? 〈뉴욕타임
스〉의 유명 음식평론가조차 갖가지 나물이 어우러진 비빔밥의 맛을
규정하지 못했다고 한다. 그냥 '맛있다'였다. 그게 정답 아닌가. 비빔
밥은 오묘하고 맛있다.

세계인의 입맛을 사로잡은 오묘하고 맛있는 비빔밥. 전주비빔밥에
서 절대 빠지면 안 되는 주재료는 무엇일까? 그것이 비빔밥 맛을 좌
우하는 핵심 요소가 될 것이다.

"뭘 하나라도 빼면 비빔밥이 안 되죠."

50여 년 전주비빔밥을 만들어온 김순례 할머니의 대답이다.

기본은 언제나 옳다

 55년 전통의 〈전주중앙회관〉은 현재 전주가 아니라 서울에 있다. 가짜가 아니냐는 의심을 받는 이유도 그 때문이다. 사실 나도 의심했다.

 원래 〈전주중앙회관〉은 전주에 있었다. 1960년대 식당을 하던 남궁익 씨가 고문헌과 지역주민의 구전을 토대로 지금의 전주비빔밥을 만들었다. 그는 김순례 할머니의 시조카고 구인숙 사장의 사촌오빠다.

 이후 남궁익 씨는 사업차 서울로 올라가면서 특별한 손맛을 지녔던 김순례 할머니에게 〈전주중앙회관〉을 해보라고 권유했던 것이다. 남궁익 씨는 구인숙 사장에게 늘 "니 엄마 손이 닿으면 맛이 달라진다"고 입버릇처럼 얘기했다고 한다.

 손맛이 특별하다고 소문이 나니 친척과 지인의 도움 요청도 쏟아졌다. 결혼식 이바지 음식을 도맡아 했고 집안의 큰 행사가 생기면 주방장으로 소환됐다. 내가 '어머니가 해주신 음식 가운데 가장 맛있던 음식'이 뭔지 물었더니 구인숙 사장은 망설임 없이 대답한다.

 "엄마는 콩나물 무침을 제일 잘 하세요."

 많은 음식 명장을 만나면서 느낀 점 가운데 하나. 그들은 늘 기본에 충실했고 음식 또한 기본에 주력을 다했다는 것이다. 빵집 사장님은 식빵에, 냉면집 사장님은 동치미 만드는 데 혼신의 힘을 다했다. 기본은 언제나 옳다.

참! 김순례 할머니의 이모할머니가 궁 수라간에서 음식을 만드는 상궁이었다고 한다. 음식도 예술처럼 DNA가 있는 것 같다. 손맛 좋은 엄마 밑에 손맛 좋은 자식이 나는 거 보면 말이다.

할머니는 충남 강경 출신으로 아흔아홉 칸 기와집에서 귀하게 자랐다. 누구보다 잘 먹고 잘 살았고 어릴 때부터 할머니에게 음식을 배웠다. 이 할머니의 언니가 궁 수라간에서 음식을 만드는 상궁이셨던 것이다.

〈전주중앙회관〉은 곱돌 덕분에 유명세를 탔다. 서서히 뜨거워지고 서서히 식는 곱돌은 먹는 내내 따끈함을 유지해주고 나중에 구수한 누룽지까지 먹을 수 있다. 하지만 타지는 않는다.

손님은 둘 이상이면 대부분 곱돌에 담긴 비빔밥 하나, 유기그릇에 담긴 비빔밥 하나를 주문해서 먹는다고 한다. 김순례 할머니에게 둘 중 어느 쪽이 좋으냐고 물었더니 이렇게 답한다.

"저는 놋그릇이 더 좋아요. 음식이 살아 있기 때문에."

나도 유기그릇에 한 표! 먹다보면 비빔밥이 식기 마련인데 식은 비빔밥도 꽤 맛나다. 더불어 유기그릇이 더 폼 나지 않나.

직접 먹어보니 〈전주중앙회관〉에서는 곱돌 비빔밥이 옳았다. 사골로 만든 밥은 식으니까 끈적한 느낌이 있었다. 사골로 지은 밥은 마지막 한 숟가락까지 따뜻하게 먹을 수 있는 곱돌이 갑이다.

단체 관광객과 가맹점은 양날의 칼

이 집의 비빔밥은 남궁익 씨가 할 때도 유명세를 탔지만 김순례 할머니가 하면서 전국적으로 유명해졌다. 당시 쪽머리에 한복을 입고 음식을 하던 그를 사람들은 성춘향이라 불렀다. 그 곱던 모습을 지금도 기억하는 사람이 많다.

왜 군이 한복과 쪽머리를 고집했는지 일하는 데 불편하지 않았는지 물어봤다. 불편하지는 않았다고 하면서 '〈전주중앙회관〉이 고전미가 있었기 때문에'라고 덧붙이신다. 식당의 고전미를 살리기 위해 한복을 입고 쪽머리를 고수했던 것이다.

서울 제기동에서 장사할 때도 쪽머리를 유지하다가 20여 년 전 비녀를 빼고 대한민국 아줌마 머리가 되셨다.

"흰머리가 나니까 보기 싫더라고요. 그래서 자르고 파마를 했어요."

전주비빔밥은 사골을 고아 그 국물로 밥을 짓는다. 한 그릇 음식으로 먹을 땐 간단하지만 고명으로 올리는 나물마다 요리법이 달라서 손이 많이 가는 음식이다. 질긴 것은 사골 국물에 볶고 연한 것은 살짝 데쳐서 양념으로 조물조물 무친다.

아흔을 눈앞에 둔 할머니는 지금도 도라지를 잘라 양념을 직접 하고 매일 반찬 간을 본다. 오랜 세월 그 손으로 얼마나 나물을 만지고 조물거렸으면 지문이 다 닳아 없어진지 오래다. 요즘 지문 날인 할 일 없는 것이 얼마나 다행인가.

1970~80년대 호시절엔 손님만 많았던 게 아니었다. 故 박정희 대통령조차 전라북도 순시 때 챙겨 먹을 정도로 명물 식당이었다. 또한 관광버스까지 줄지어 손님을 실어 나르는 전주 관광 필수 코스였으니 그야말로 대박집이었다.

하지만 그때부터 부작용이 생겼다. 하루에도 관광차가 수십 대씩 몰려들다 보니 정성을 다해 음식을 만드는 게 쉽지 않고 어느 순간 '맛이 변했다'는 비난이 쏟아지기 시작했다. 이후 〈전주중앙회관〉은 위기를 맞았다.

맛집으로 사람들의 입에 오르내리기 시작하면 관광객이 몰려오기 시작한다. 단체 관광 가서 먹은 음식 가운데 제대로 된 음식이 있었는지 생각해보라. 아마 세 손가락에도 꼽기 힘들 것이다.

단체 관광객과 가맹점은 양날의 칼이다. 금고는 차고 넘치겠지만 맛과 서비스를 보장할 수 없으니 식당의 명성에는 결국 마이너스가 된다. 구인숙 사장은 그런 상황을 잘 아는 터라 단체 관광객은 절대 받지 않겠다는 고집을 갖고 있다. 물론 관광객도 맛난 음식을 먹을 권리가 있지만 수십 명이나 되는 단체 손님이 수시로 몰려들면 음식을 기계로 찍어내듯 만들 수밖에 없다.

내 음식에 대해서는
선수가 되어야 진짜다

서울에서 금융회사에 다니던 구인숙 사장은 퇴직 후 부부가 함께할
소일거리로 식당을 점찍었다. 당시 어머니가 제기동에서 혼자 전주비
빔밥 집을 하고 있었기 때문이다. ― 전주에 있는 '중앙회관'은 주인
이 몇 번 바뀌었고 김순례 할머니는 무남독녀 외동딸을 따라 서울로
왔다. 이전에는 대전에서 비빔밥 집을 운영한 적이 있었다 ― 어느 날
갑자기 딸이 '엄마가 하던 식당을 내가 하겠다'고 나섰다. 심지어 제
기동이 아니라 강남에서 하겠다고 하니 어머니 반대가 이만저만이 아
니었다.

김순례 할머니는 무남독녀 외동딸이 식당을 하는 것을 원치 않았
다. 아니 완강하게 반대했다. 매일 사골을 우려 밥하고 수십 가지 나
물을 씻고 다듬고 요리하는 일이 얼마나 고된지 잘 알고 있어서다.

하지만 딸의 고집을 꺾을 수 없었고 당신 체력이 되는 한 도와주
기로 마음먹었다. 그래서 2016년 현재 김순례 할머니가 여든일곱의
나이에도 매일 식당에 나와 음식을 만드는 이유다. 2000년 강남에
전주비빔밥의 전통을 잇는 〈전주중앙회관〉이 드디어 문을 열었다.

구인숙 사장이 충동적으로 식당을 하겠다고 나선 건 아니다. 어릴
때부터 엄마가 모르는 꿈을 간직하고 있었던 것이다. 그것은 비빔밥
이 아니라 한식집, 그것도 한국에서 가장 유명한 한식집을 하는 것이

었다. 한국에서 가장 유명한 비빔밥 집 무남독녀였으니 어쩌면 그런 꿈을 꾸는 게 당연했는지도 모르겠다.

여하튼 유명 한식집 순회를 하던 그는 문득 다른 집 비빔밥은 세월이 흐를수록 계속 업그레이드되고 있는데 전주비빔밥은 낙후되어 가는 것이 속상하고 안타까웠다. 그래서 결심했다.

"그래, 내가 진짜 전주비빔밥의 맛을 내는 집을 해보자."

구인숙 사장이 오너가 되면서부터 음식에 화학조미료를 쓰지 않는다. 고추장도 직접 담아 고기와 함께 볶은, 볶음 고추장을 쓴다. 거기에 직접 짠 참기름과 들기름을 함께 넣어 비비는데 맛이 없을 수가 있을까. 상상만 해도 맛있다.

그는 연극영화과 출신이다. 예순다섯이라는 나이가 믿기 어려울 만큼 동안인데다 이목구비가 뚜렷한 미인형이다. 솔직히 주방에서 나물을 조물거리고 있을 거란 상상을 하기 어려운 외모다. 그런 그도 새벽에 일어나 장을 보고 음식을 직접 만든다.

"식당은 돈만 있다고 할 수 있는 게 아닙니다. 스스로 음식을 할 줄 알아야 하죠. 자기가 파는 음식에 대해서 선수가 되어야 진짜죠."

그래서 자신 없는 메뉴는 아예 엄두조차 내지 않는다. 남편은 〈전주중앙회관〉이란 이름으로 장사를 시작하기만 하면 떼돈을 버는 줄 알고 마냥 설레는 마음으로 동참했다고 한다. 이렇게 힘들 줄 알았으면 시작도 안 했을 거라는 게 힘들 때 나오는 입버릇이다. 그러나 지금은 누구보다 깐깐하고 철두철미한 동반자가 됐다.

이곳을 지키는 대들보 가운데 한 명은 주방장 김영백 씨다. 김순례 할머니가 전주에서 '중앙회관'을 운영할 때 열다섯에 들어와 잔심부름과 허드렛일로 잔뼈가 굵은, 그야말로 '중앙회관'이 키워낸 사람이다. 이후 공로패, 감사패 등 전라북도의 상을 휩쓸던 시절을 함께했다. 담배도 안 피우고 술도 안 마시는 이 직원은 이제 김순례 할머니와 함께 주방을 이끄는 주방장이다.

담배를 피우면 음식 맛을 제대로 볼 수 없다고 한다. 그래서 담배를 피우지 않는 요리사가 많다. 손가락에 담배 냄새가 밸 수 있으니 요리 맛에도 지장을 줄 것이다.

올해 초 〈전주중앙회관〉을 방문했을 때 주방장은 허리와 어깨가 좋지 않아 몇 주 쉬고 있는 중이라고 했다. 워낙 어릴 때부터 고생한 터라 일찍부터 아픈 곳이 많았다고 한다. 주방장의 부재로 김순례 할머니는 유난히 바빴다.

내일은 오늘보다 나을 거야

〈전주중앙회관〉이 옛 명성에 기대어 지금의 위치에 선 건 아니다.

강남에서 다시 자리 잡기까지 10년이란 시간이 걸렸다. 한 식당이 손님과 신뢰를 쌓는 시간은 그만큼 길고 쓰다. 지난한 인내의 시간이 필요하다. 그러나 구인숙 사장은 가게를 세 번이나 옮기면서 단 한 번도 절망하거나 좌절하지 않았다. 10년이란 세월을 "내일은 오늘보다 나을 거야!"란 믿음으로 견뎌냈다.

장사는 마라톤이다. 인내심과 끈기가 필요하다. 〈전주중앙회관〉이라는 명성을 앞세워도 새로운 도시에서 자리를 잡는 데는 10년이란 세월이 필요했던 것처럼.

말도 다 못할 고생이 많았다. 〈전주중앙회관〉에 대한 이미지가 많이 손상된 상태라 다시금 명성을 회복하기란 쉽지 않았다. 전주에 있어야 할 중앙회관이 왜 서울에 있느냐는 의심부터 대궐 같던 중앙회관을 기억하는 사람들은 왜 이렇게 작은 가게에서 장사하느냐며 질책도 이어졌다.

"다행히 딸인 저를 알아보는 손님이 많았고 나 스스로 정직했기 때문에 당당할 수 있었죠."

그런 과정이 4~5년간 이어졌다.

김순례 할머니는 고된 장사의 길로 들어선 딸이 늘 걱정이다. 그러니 잔소리가 나올 수밖에 없다. 힘들다는 말 한마디라도 할라치면 "나는 너보다 더 힘들고 어렵게 장사했다. 옛날에 비하면 얼마나 좋아졌는데 뭐가 힘들다고 엄살이냐?"고 투정하는 입을 막는다. 그리고 아침에 더 일찍 일어나라고 잔소리한다.

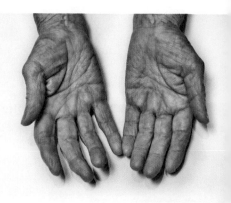

제기동에서 장사할 때도 새벽 네 시 반이면 일어나 장보러 다녔던 어머니. 남보다 일찍 가야 더 좋은 물건을 살 수 있다고 생각하기 때문이다. 그러니 느지막하게 일어나 장보러 가는 딸이 마땅찮을 수밖에 없다.

김순례 할머니는 그 시절 장사치들이 다 그랬듯이, 돈 좀 만지던 호시절에도 가게 비우면 큰일 나는 줄 알았고 여행 한번 못 가봤다. 말 끝마다 "내가 죽으면 어떻게 장사할래?"라고 걱정하던 어머니에게 딸의 어떤 점이 가장 마음에 안 드냐고 여쭤봤더니 멋쩍게 웃으시며 하는 말.

"잘해요, 이제."

이제 딸이 당신보다 음식을 더 잘한다고 하면서 아흔을 바라보는 그 연세에도 매일 식당에 나와 직접 음식을 만드는 이유는 자식이 고생하는 걸 조금이라도 덜어주고 싶은 어머니의 마음일 것이다.

할머니의 손맛은 지금도 건재하다. 이를 아는 손님들은 식당에 오면 "오늘 할머니 나오셨어요?"부터 묻는다. 오늘 음식은 할머니가 만

지셨을 거란 기대 때문일 것이다. 단골손님들은 구인숙 사장에게 "(음식을) 사장님이 하지 말고 어머니한테 해달라고 얘기해주세요. (웃음)"라고 주문하기도 한다. 김순례 할머니가 식당에 있는 것만으로도 음식이 더 맛있다고 손님들은 느낀다.

"새로운 음식을 개발하고 손님이 저희 집 음식을 먹고 좋아해주시고 그런 게 저한테는 정말 큰 즐거움입니다."

김순례 할머니에게도 장사하면서 가장 힘들었던 게 뭐였냐고 물었더니 "직업이라고 생각했기 때문에 힘든 줄 몰랐어요"라고 한다. 지문이 다 닳도록 나물을 다듬고 무치는 게 힘들지 않느냐고 했더니 "재미있어요. 텔레비전 보면서 하면. (웃음)"라고 받아친다. 무엇 하나 힘들다고 말하지 않는 김순례 할머니였다.

구인숙 사장이 어머니에게 받은 가장 큰 유산은 음식 솜씨가 아니라 바로 '긍정 DNA'였다. 행복하고 감사하는 마음을 가진 주인의 에너지가 손님에게도 그대로 전달될 것이다.

〈전주중앙회관〉은 구인숙 사장의 딸, 김순례 할머니의 손녀가 3대를 준비하고 있다. 그 손녀에게도 딸이 있는데 그 딸 역시 비빔밥을 참 좋아해서 〈전주중앙회관〉의 가장 엄격한 맛 평론가라고 한다. 할머니의 음식 솜씨와 어머니의 친절과 긍정 DNA로 전통을 잇는, 전통보다 더 맛있는 전주비빔밥을 이어나가길 기대해본다.

1등을 하는 것보다 1등을 지키는 게 더 어렵다

한 식당이 대박을 치면 후발 주자들이 구름떼처럼 뒤를 쫓는다. 그들은 원조 메뉴를 한 단계 업그레이드하여 원조집을 추월하려고 한다. 그러나 강하게 성장한 원조집은 결코 흔들림이 없다. 한 순간도 게을러지거나 방심하지 않기 때문이다.

과거에도, 현재도, 미래에도 한 가지 음식으로 승부한다

보통 단일 메뉴가 일반적인데 이는 계절이나 유행 혹은 시절을 탄다는 단점이 있다. 하지만 꿋꿋하게 자신의 음식을 믿고 기다린다. 인내와 끈기는 원조집의 저력이다.

손님과 벗이 된다

충성도 강한 단골손님이 많고 주인 역시 손님에게 각별한 애정을 갖고 있다. 서로에 대한 신뢰로 손님과 주인은 오랜 벗이 되기도 한다.

짝퉁 남발은 명품의 운명

원조집 시비, 상표 도용 시비에 휘말리기 마련이다. 그러나 장수하는 원조집은 너그럽다. 원조집을 흉내 내고, 그 옆에서 새로 차리는 가게들이 많을수록 위상은 더 높아진다.

Chapter 2.

우리가
진짜 원조다

연남서식당

손님이 먼저 인정한
식당계의 삼성

— 이대현

　　제목이 정확히 기억나지 않는데 오래전에 본 일본 드라마 중 골드미스가 주인공으로 나오는 드라마가 있었다. 주인공은 퇴근 후 혼자 회사 근처 작은 선술집에 들러 소박한 안주에 잔술을 한두 잔 하면서 하루의 피로를 풀곤 했는데 특이했던 것은 서서 먹는 선술집이었다는 것.

　　그보다 훨씬 이전에 서서 먹는 갈비집이 있다는 풍문을 들은 바 있다. 그 얘기를 처음 들었을 때 뇌리에 스치는 생각은 '왜 굳이 서서 먹나?'였다.

　　오래전부터 들어온 서서갈비의 원조집이 있다고 해서 섭외 전화를 걸었다. 60년 전통의 원조집인데다 관광객이 줄서는 집이라고 해서 솔직히 섭외가 될 거라는 기대는 없었다. 방송 출연 섭외를 하다보면

사장하고 통화도 못해보고 거절당하기
일쑤니까. 그런데 가게 직원이 의외로
사장 직통 번호를 순순히 알려줬고 사
장과의 통화도 단번에 이뤄졌다.

일흔을 넘긴 이대현 사장은 좀 망설
이는 듯 했으나 일단 나온다고 허락했
다. 그리고 나의 끈질긴 인터뷰에도 짜증내는 일 없이 심지어 일목요
연하게 잘 응대해줬다. 사실 일흔 넘은 어르신과 인터뷰하기란 쉽지
가 않다. 특히 전화 인터뷰는 고도의 집중력을 요한다. 질문에 딴소리
를 하거나 질문과 상관없이 자기 하고 싶은 말만 한다거나 완전히 다
른 질문에도 같은 대답만 반복하기도 한다.

인터뷰를 마치고 당장에 〈연남서식당〉으로 달려갔다. 내가 사는 동
네에서 가깝고 고기라면 자다가도 벌떡 일어나는 친구랑 마침 시간도
맞아서 번개처럼 날아갔다. 다섯 시 전이라 줄서지는 않았지만 가게
안은 벌써 손님들로 꽉 차 있었다. 서서 먹는데다 고기가 연탄불에 지
글지글 구워지는 속도가 워낙에 빨라서 잡담하고 둘러보고 그럴 여유
가 없었다. 밑반찬이라곤 풋고추가 전부였다.

메뉴에 밥도 없고 술도 마시지 않는 우리는 그저 허겁지겁 구워지
는 대로 고기만 날름날름 주워 먹었는데 정말 맛있었다. 고기 맛 좀
안다는 친구도 먹는 내내 정말 맛있다는 극찬을 아끼지 않았다.

다 먹고 가게를 나서는데 머리끝부터 발끝까지 고기 냄새로 철갑을

두른 듯했다. '나 고기 좀 먹었소!'라고 광고라도 하는 것 같았다. 이 대로 어딜 간다는 건 민폐에 가까웠다. 하지만 함께 간 친구는 "간만 에 고기다운 고기를 먹었다"면서 배를 두드리며 만족스러워했다. 나 역시 이렇게 고기만 배 터지게 먹은 게 얼마만인지 모르겠다.

천직은 천직

열한 살 때부터 아버지를 도와 장사를 시작했다는 이대현 사장은 스스로를 1.5세대라고 부른다. 한국전쟁 당시 아버지는 군병으로 차 출되어 거제도로 갔고 당시 신촌은 낮에는 아군, 밤에는 중공군이 장 악했다. 어머니는 2남 2녀를 품에 안고 전장의 한가운데서 버텨냈지 만 1953년 전쟁이 끝났을 때 어머니와 두 여동생은 죽고 아버지와 이 대현 사장 그리고 남동생 이렇게 셋만 살아남게 됐다.

아버지는 고구마와 감자를 길러 남대문시장에 내다 팔아 생계를 유 지했는데 전쟁 통에 밭이고 뭐고 다 폐허가 되어 아무것도 남은 게 없 었다. 궁여지책으로 시작한 게 술을 사다가 잔술을 팔았던 것. 돼지고 기 소금구이와 통북어 그리고 소갈비를 안주로 냈다.

"그때는 소갈비가 아주 저렴했어요. 뜯어야 하는 번거로움 때문에 양반들이 잘 먹지 않았거든요."

따로 식당이랄 것도 없었다. 당시 이대현 부자가 살던 신촌 홍등가 골목 — 현재 그랜드마트 뒷골목 — 한옥집 마당에 드럼통 세 개를 엎어놓고 시작했다. 이것이 한국식 선술집의 시작이다.

이 집은 그때나 지금이나 밥을 취급하지 않는다.

"밥을 하려면 반찬이나 찌개가 따라붙어야 하는데 홀애비가 뭐 할 줄 아는 게 있어야 말이지."

술을 좋아했던 아버지는 술 한잔하면서 그저 안주로 고기 몇 점이면 족한 게 술꾼들의 취향이라는 걸 아셨던 것. 외식업의 한 획을 그은 식당의 시작은 그렇게 미약했다. 환경이 열악하니 장사도 시답잖았다.

그저 밥 세 끼만 먹고 살면 되는 시대였던 터라 크게 욕심도 없었다. 그나마도 그냥 놔두면 먹고 살 만은 했을 텐데 전쟁 직후라 무법천지였다. 허구한 날 경찰이 들이닥쳤고 남대문시장에서 사다가 쳐놓은 군용 천막은 군홧발로 짓밟히곤 했다.

"뭐라도 좀 찔러주지 그러셨어요. 그걸 바란 거 같은데… 그런 시절이었잖아요."

그런 시절이었노라고 말하는 나에게 이대현 사장이 농담으로 화답했다.

"나는 백을 싫어해요. 지금도 백은 싫어요. (웃음) 그래서 가방도 안 들고 다닙니다."

전쟁이 끝난 직후라 학교도 없었고 동생은 너무 어렸다. 그는 아버지를 도와 설거지와 잔심부름을 하면서 함께 선술집을 꾸려갔다.

"그때 심부름하는 게 얼마나 힘들고 지겹던지 장사는 하고 싶지 않

았습니다."

그러나 열한 살 이대현 사장에게 장사보다 힘든 건 어머니를 잃은 상실감이었다. 그 어린 나이에 어머니를 잃은 고통을 어떻게 견뎌냈을까?

"울음이 많았죠. 당시 신촌 로터리에 동그란 풀밭이 있었어요. 그 가운데 누워 하늘 쳐다보고 울고 기와집 굴뚝에 앉아 울고. 참 많이 울었죠."

그 와중에 아버지는 재혼을 네 번이나 했지만 운 나쁘게도 좋은 계모는 없었다. 물을 길러 와야 밥을 주고 구박도 많이 당했다. 그 일이 평생의 상처로 남았는지 그는 독신주의자였다.

"새엄마가 싫어서 그런지 여자가 무섭더라고요. 결혼하고 싶지 않았죠. 그런데 장남이라 족보 끊긴다고 아버지가 달달 볶으셨어요. 그래도 선을 못 볼 만큼 여자가 어려웠어요."

그러면서 나이는 차고 결혼에 대한 압박감은 갈수록 심해졌다. 그러던 차에 여행 모임에서 만난 한 처자가 마음에 들어 그냥 밑도 끝도 없이 결혼하자고 청했다. 승낙할 거라는 기대도 하지 않았다.

"그런데 며칠 후 처자의 아버지에게 전화가 왔습니다. 와보라고 해서 갔더니 결혼하라고 하시더라고요."

참 단순한 연애사라고 생각했는데 웃으면서 한마디 덧붙인다.

"지금 돌아보면 선 못 본 게 한이에요."

장사가 천직이 될 거라고는 단 한번도 생각해본 적이 없었다던 그는 30대에 외도를 했다. 싸우고 시비 거는 술꾼들이 지겨워 제지업, 이불 장사, 장갑 도매 등 여러 일을 전전했지만 월급이 너무 적거나 수입이 변변치 않아 결국 식당으로 돌아올 수밖에 없었다.

사실 이대형 사장은 공무원이 되고 싶었단다. 아버지를 비롯해 어려운 서민들을 괴롭히던 나쁜 공무원이 많았던 시절이라 좋은 공무원이 되고 싶었던 것이다.

"그런데 공무원 했으면 왕따를 당할 뻔했지. (웃음)"

서서갈비는 손님들의 간판

다들 연남 서서갈비라고 부르지만 정식 이름은 '연남식당'이다. 처음엔 '김포집'으로 불리다가 ― 아버지 고향이 김포였다 ― 이어 '실비집'으로 불렸다.

그러다가 영업 신고를 하고 '연남식당'으로 간판을 달게 된 것.

"우리가 지은 이름이 아니고 영업 신고 차 구청에 갔는데 담당 공무원이 '연남식당'이라고 신고를 해버린 거야."

지금 생각하면 어이없는 일이지만 그런 게 가능했던 시절이었다. 그런데 모두들 연남 서서갈비라고 부르는데 왜 그 오랜 시간 동안 가게 이름을 바꾸지 않았을까? 참고로 식당 간판에는 '연남 서서먹는 갈비집'이라고 쓰여 있다.

"서서갈비란 이름은 손님의 간판입니다. 식당 이름도 없던 시절, 손님들이 약속을 잡으면서 '서서갈비로 와'라고 했던 게 '서서갈비'가 된 거죠. 서서갈비는 내 간판이 아니니 누구나 써도 상관없습니다."

서서갈비란 이름을 쓰지 않은 이유는 또 있었다.

"궁중불고기를 너비아니라고 부르는 것처럼 소갈비를 서서갈비라고 부르기를 바랐습니다. 서서갈비란 간판을 달고 있으면 사람들이 '아~ 소갈비집이구나'라고 인식하면 좋겠다고 생각했어요."

그런데 올해 초 그를 만나러 갔더니 간판이 〈연남서식당〉으로 바뀌어 있었다. '연남식당'으로 영업 신고를 해놓고 간판은 '연남 서서먹는 갈비집'으로 달았다고 고발을 당했다는 것이다. 이런저런 시비에 휘말리는 것은 잘나가는 가게의 어쩔 수 없는 숙명. 그래서 2015년에 〈연남서식당〉으로 식당 이름도, 간판도 바꾼 것이다.

그런데 새로 단 간판치고는 너무 예스러웠다. 글씨체도 예전 거랑 똑같아서 자세히 보지 않으면 바뀐 줄도 모를 것이다.

"15년 전 간판 해준 사람을 백방으로 수소문했지."

나는 마부입니다

서서갈비는 연탄구이다. 이대현 사장은 가게에서 연탄불을 도맡아 관리한다. 사장이 연탄불을 직접 관리하는 이유는 무엇일까? 생각보다 단순했다. 할 사람이 없고 하겠다는 사람도 없어서란다.

"요즘 사람들은 연탄불을 안 써봐서 그런지 연탄집게 만질 줄도 몰라."

요즘은 숯불구이가 더 각광받고 있지 않은가. 관리도 어렵고 성분도 좋지 않은데 굳이 연탄불을 고집하는 이유가 뭘까? 연탄은 불이 꾸준하다는 이점이 있다. 480~500도가 구멍을 통해 일정하게 올라온다. 그런데 숯불은 30분만 활활 탄다. 20분이 지나면 재가 불을 덮어서 화력이 약해진다.

"불이 시시하면 물이 마릅니다. 육즙이 말라 고기가 질겨지죠."

그가 아직도 새벽 네 시에 일어나 연탄불을 피우고 관리하는 이유다.

이대현 사장은 영수증 정리 등 직원들이 일하는 데 불편하지 않도록 대부분 잡일을 담당한다. 다른 가게에서는 신참내기들이나 하는 일을 사장이 도맡아 하는 것이다.

"나는 마부입니다. 경주 말은 뜀만 뛰게 하고 뒤치다꺼리는 내가 하죠."

직원이 일 잘할 수 있도록 하는 게 사장의 일이라는 것.

"저희 가게 직원들은 아주 자유롭습니다. 제가 잔소리를 하거나 간섭하질 않아요. 좋은 쌀로 잘 먹이고 월급도 다른 데보다 조금 더 주죠. 시쳇말로 식당계 삼성이라고 하죠. (웃음)"

마부가 경주마를 잘 보살피고 잘 먹이는 건 당연할 터. 말이 잘 달리면 결국 마부가 부자가 될 테니까.

메뉴는 단순하게

"고기 두 대 주세요."

그러면 끝이다. 옛날 방식 그대로 '몇 인분'이 아니라 '몇 대'를 기준으로 주문하게 되어 있다. 어차피 밥도 없고 찌개도 없고 밑반찬도 풋고추 하나가 전부다. 갈비 양념도 반찬 수만큼이나 단순하다. 일곱 가지 양념뿐이다.

파, 으깬 마늘, 볶은 통깨, 참기름, 후추가루, 설탕, 진간장 그리고 끓이지 않은 생수를 쓴다.

"까칠한 아주머니들은 물을 꼭 끓여서 쓰는데 생수를 써야 합니다. 맛이 확실히 달라요."

생고긴가 싶을 만큼 양념 빛깔도 거의 나지 않는다. 손님상에 나오기 한두 시간 전에 재우기 때문이다.

"양념이 음식 맛을 좌우하는 건 싫습니다. 제 장사 철학은 최소한의 양념으로 스마트하게 소고기를 먹게 하는 겁니다. 대신 좋은 고기를 구입하죠."

〈연남서식당〉은 국내산 육우와 한우를 섞어 쓴다. 그래도 갈비 한 대 값이 1만 5,000원(2016년 현재)이라니 참 착한 가격이다.

"우리 집은 의자도 없고 불친절하니까 고기나 제대로 자시라는 의미죠."

고기를 먹은 후 된장찌개나 냉면으로 마무리하고 싶은 사람은 미리 즉석 밥과 김치를 준비해서 가면 좋다. 아무도 말리는 이가 없다.

"1년만 하고 내년에는 그만둬야지"하면서 매일을 견뎌온 게 60년을 넘겼다. 이렇게 잘되는 가게를 하면서 왜 평생 사표를 가슴에 품고 살았을까?

"사람들이 술을 먹으면 시비를 많이 걸어요. 식당 하는 사람을 우습게 여기는 거죠. 나이 어린 사람도 반말을 합니다. 혹시라도 손님이랑 실랑이가 붙어도 늘 잘못은 우리한테 있습니다."

술꾼들 시비에 진저리가 난다는 그는 늘 오늘이 마지막인 것처럼 일하면서 지금의 〈연남서식당〉을 만들어왔는지 모르겠다. 그러나 최근에는 이 일에 긍지를 갖게 됐다고 한다. 〈연남서식당〉이 보호해야 할 노포로, 원조집으로, 꼭 가봐야 할 맛집 등으로 인정받으면서 관광공사, 서울시 등이 앞다퉈 대접해주고 있기 때문이다. 하지만 식당을

아들에게 물려주고 싶지는 않다. 본인이 원한다면 모를까 권유하고 싶지도 않다.

"가게 하면서 아버지 원망을 많이 했어요. 왜 이런 일을 하셔서 아들 청춘을 여기에 저당 잡히게 했나 하고요. 그런 일을 굳이 아들에게 대물림하고 싶지는 않습니다."

물론 아들이 원한다면 얘기는 다르다. 자신처럼 불 관리부터 시킬 것이라고 한다.

"근데 이 놈이 배운 것도 아닌데 불 관리를 곧 잘하더라고요. (웃음)"

단언컨대 아들은 고기 맛도 누구보다 잘 잡을 것이다. 그게 대를 잇는 식당들의 공통점이니까. 더불어 며느리가 가게에 더 관심을 보인다니 백발백중 아들 내외가 물려받게 될 것이다. 하지만 이대현 사장은 누구든 식당하고 싶다고 하면 말리는 사람이다.

"매일 새벽 네 시에 일어나야 하고 평생 휴일도 없고 친구도 만날 수 없는 직업이 식당인데 그런 삶을 권유할 이유가 없죠."

카운터에 우아하게 앉아서 돈이나 받는 걸 꿈꾼다면 아예 식당 생각을 말라는 게 음식점 주인들의 한결같은 충고다. 직장생활 할 때가 몸도 마음도 100배, 1000배는 따뜻하다는 것을 알고 시작해야 하는 것이 장사다. 그럴 각오가 없다면 장사는 꿈도 꾸지 말지니.

오뎅식당

여기가 바로
원조라니까요

— 김민우

나는 토속적인 입맛을 가진 사람이다. 치맥(치킨+맥주)도 좋지만 파전에 막걸리, 삼합에 소주에 더 열광한다. 누가 먹자 소리를 안 하면 치킨, 햄버거, 피자 같은 음식이 별로 당기지 않는다. 하지만 그런 나도 좋아하는 음식이 있는데 바로 햄과 소시지다. 둘 중 하나를 굳이 선택해야 한다면 소시지.

소시지를 향한 판타지는 아주 오래전부터 시작됐다. 1980년대 학창시절을 보낸 나에게 가장 좋은 반찬은 두말할 것도 없이 소시지였다. 주황색 몽둥이 소시지가 소시지의 전부인 줄 알았던 어느 날, 좀 사는 집 친구가 도시락 반찬으로 줄줄이 엮인 비엔나소시지를 싸왔다. 태어나서 처음으로 소시지다운 소시지를 먹는 순간이었다. 한 입베어 문 순간, 나는 이렇게 외쳤다.

"이것이 진정 지상의 음식이란 말입니까?"

향과 맛이 어쩌면 그렇게 매혹적인지 평생 그것만 먹고 살래도 좋을 것 같았다. 참고로 우리 엄마는 내 나이 때 강경항에서 배를 타고 들어가는 '세도'라는 오지에 살았는데 라면을 처음 먹어보고 그 맛이 너무 황홀해서 어른이 되면 도시로 나가 라면만 먹고 살겠노라 결심했다고 한다. 어쩜 이리 모전여전인지….

여하튼 소시지를 좋아하는 사람들이 가장 좋아하는 찌개는 두말할 필요 없이 부대찌개이며 소시지를 좋아하지 않는 사람들도 부대찌개는 좋아한다. 나는 부대찌개를 엄청 사랑하는 사람이다.

부대찌개를 두고 한 전통 음식 연구가는 국적 불명의 경박한 음식이라고 평가한 적도 있다. 그 분의 생각도 존중한다. 그는 전통 음식 연구가가 아닌가. 충분히 그럴 만도 할 것이다.

다만 나는 음식이 역사이자 정서이자 추억이라고 생각하는 사람이다. 우리 음식이 아니라고 해도 100년을 대중이 먹어왔다면 최소한 존중받아야 되지 않겠는가? 우리가 외국 문화를 부대찌개만큼만 한국화 시킬 수 있다면 어떤 것이 밀려와도 두렵지 않겠다는 생각마저 든다.

오뎅식당은
오뎅을 팔지 않는다

〈오뎅식당〉은 우리나라 최초의 퓨전 음식이라 불리는 부대찌개를 처음 세상에 내놓은 곳이다. 그런데 부대찌개 전문점 이름이 왜 〈오뎅식당〉일까? 찌개에선 오뎅을 눈 씻고 찾아봐도 없는데. 아, 밑반찬으로 어묵이 나온다. 물론 그래서 〈오뎅식당〉은 아니다.

부대찌개 집을 〈오뎅식당〉이라고 부른 이유는 부대찌개란 음식을 감추기 위해서였다고 한다. 미군 부대에서 나오는 부대고기는 물론이고 양담배만 펴도 잡혀가던 시절이라 부대에서 나오는 식자재를 쓴다는 건 불법이었던 것이다. 부대찌개가 그렇듯, 〈오뎅식당〉이란 이름 역시 아픈 우리 역사의 한 토막을 고스란히 담고 있다.

부대찌개가 한때 '존슨탕'이니 '카터탕'이니 하는 희한한 이름으로 불렸던 이유는 부대찌개의 모태가 꿀꿀이죽이었기 때문이다. 꿀꿀이

죽은 미군 부대에서 흘러나온 고기 등 음식 찌꺼기를 한데 넣어 끓인 음식이다. 한국전쟁 직후, 시장 통이나 역전 부근에는 꿀꿀이죽 한 깡통으로 하루를 연

명하는 사람들이 부지기수였다. 간혹 담배꽁초나 쓰레기가 나와 조심스레 살펴가며 먹어야 했다. 추억이라 하기엔 너무 궁핍하고 아픈 우리 역사지만 부정한다고 사라지는 건 아니다.

또 부대찌개는 김치 등 우리 고유의 발효식 혹은 자연식 재료에 햄, 소시지 등 화학 첨가제 범벅인 인스턴트 음식이 결합해 우리 음식 문화를 퇴보시켰다는 비판도 있었다.

이런 부정적인 인식 때문에 의정부 부대찌개 전문점들은 2001년부터 부대찌개라는 말 대신 '명물 의정부 찌개'라는 말을 사용하고 간판을 모두 바꾸었다니 이 무슨 '눈 가리고 아웅'이란 말인가?

사족이 길었다. 이젠 〈오뎅식당〉 얘기를 좀 해보자. 허영만 작가는 《식객》의 취재일기에 〈오뎅식당〉에 대해 이렇게 적었다.

'의정부의 오뎅집에 가보기 전까지 나는 부대찌개를 좋아하지 않았다. 벌겋기만 한 국물은 얼큰하지도 개운하지도 않고 남은 재료를 이것저것 집어넣어 끓인 잡탕 같다는 생각을 지울 수 없기 때문이다. 하

지만 그 집 부대찌개를 맛 본 순간 난 부대찌개와 사랑에 빠져 버렸다. 경이로운 맛이었다.'

허영만 작가에게 부대찌개 맛을 알게 해준 사람, ─ 비단 허영만 작가의 입만 매료시킨 건 아닐 것이다 ─ 한국에 부대찌개란 이름을 처음 만들어준 사람이 〈오뎅식당〉 창업주 故 허기숙 할머니다.

〈오뎅식당〉을 하기 전, 할머니는 안 해본 일이 없으셨다. 군고구마 장사도 했고 냉면도 팔았다. 그러다 노상 포장마차를 했는데 ─ 그 시절 오뎅도 같이 팔았는데 부대찌개란 이름을 숨기기 위해 〈오뎅식당〉이라는 이름을 썼다고 한다 ─ 군부대가 많은 의정부에는 당시 미군들이 먹고 남은 부대고기를 배춤에 몰래 숨겨 와서 파는 사람들이 있었다고 한다. 그걸로 부대고기 볶음을 한 것이 부대찌개의 시작이었다.

부대고기 볶음과 막걸리를 마시던 손님들은 밥하고 먹을 수 있게 국물을 더 많이 잡아달라고 했다. 역시 한국인에겐 볶음보다 국물이 있는 찌개가 갑이다. 그래서 김치도 넣고 햄과 소시지도 넣고 고추장으로 칼칼하게 맛을 낸 게 지금의 부대찌개다.

하지만 부대고기 때문에 겪은 우여곡절도 많았다. 당시 부대 식재료는 외부로 반출이 엄격하게 금지돼 있었다. 그래서 세관과 경찰서에서 수시로 검문을 나왔다. 감춰놓은 부대고기를 들켜 경찰서로 연행돼 차가운 유치장에서 밤을 지내곤 했다고 한다. 벌금을 왕창 물고 일수 돈을 얻어 다시 장사하기를 여러 번. 그런 생활이 지긋지긋해 그만두고 싶은 마음도 굴뚝같았지만 "부대찌개를 먹으면 행복해 하는 손님들 때문에 그만둘 수 없었다"라고 말씀하신 허인숙 할머니의 인터뷰를 본 적이 있다.

손자인 김민우 사장에게 같은 질문을 했더니 이렇게 답한다.

"할머니는 리어카로 안 해본 일이 없지만 그래도 이게 제일 낫다고 하셨어요."

수입이 제일 짭짤했다는 말씀! 물론 흔히 먹을 수 없는 부대찌개란 음식은 손님들의 사랑을 듬뿍 받았을 게 당연했을 것이다.

단속이 풀린 건 1988년 88올림픽을 기점으로 소고기 수입이 허용되면서부터다. 부대찌개가 공식적으로 세상에 선보일 수 있게 되면서 〈오뎅식당〉은 꼬리에 꼬리를 물고 입소문을 탔으며 전국적인 명물로 떠올랐다.

〈오뎅식당〉의 메뉴는 딱 하나다. 부대찌개. 곁들이 반찬은 깍두기와 1년 묵은 김치, 3년 묵은 무짠지가 전부다. 어묵은 김민우 사장이 이어받으면서 곁들인 찬이다. 〈오뎅식당〉이란 상호에 걸맞게…. 젊은이다운 센스다. 사실 묵은지와 무짠지는 젊은이들이 좋아할 만한 반찬은 아니다. 특히 시큼털털한 맛이 나는 무짠지는 젊은 세대에겐 인기가 별로지만 어르신들은 열광하는 반찬이다. 어릴 때 먹던 맛이니까.

무조건 부지런해야 한다

〈오뎅식당〉 부대찌개 맛의 비밀은 갖가지 야채로 만든 맑은 육수와 양념장에 있다. 며느리도 모르는 그 맛의 비밀은 세상에 딱 한 사람, 김민우 사장만 알고 있다. 허기숙 할머니는 손자인 김민우 사장에게만 전수해줬다. 가게 식자재를 책임지는 그의 아버지도 김민우 사장의 형도 비법을 모른다.

할머니는 왜 비법을 둘째 손자에게 전수하셨을까? 아들 내외와 함께 살던 할머니는 유독 둘째 손자와 손발이 잘 맞았다.

"저랑 할머니는 참 잘 맞았어요. 좋아하는 음식, 싫어하는 음식까지 같았습니다. 할머니는 제가 장사랑 제일 잘 맞는다고 생각하셨던 거 같아요."

아주 어릴 때부터 할머니는 자식들에게 입버릇처럼 말씀하셨다.

"내 장사는 민우가 해야 한다. 그렇게들 알아라."

고등학생이 되면서부터 주말이나 휴일에는 할머니의 호출이 떨어졌다. 대학생이 돼서는 친구들처럼 카페 같은 데서 아르바이트를 해보고 싶었지만 할머니는 다른 일은 생각도 말라고 못을 박으셨다. 그리고 군 제대 이후 본격적으로 가게 일에 뛰어들었다.

그에겐 다른 꿈이 있었다.

"어렸을 때부터 형사가 되고 싶었어요. (웃음)"

의경으로 입대했던 것도 그 때문이었
고 제대하면 바로 경찰 시험을 봐야겠다
는 생각도 하고 있었다. 그런데 생각과 달
리 어느새 가게 일을 하고 있었다는 김민
우 사장.

"어릴 때부터 가게는 제가 해야 한다는 말
을 하도 들어서 세뇌를 당했나 봐요. (웃음)
가게 일을 돕다보니 그냥 자연스럽게 이렇
게 됐네요."

과거 허기숙 할머니가 이런 인터뷰를 한 걸 본 적이 있다.

"경찰 된다는 걸 내가 부추겼어. 나하고 이거 하는 게 더 낫다고. 우
리 손자가 부지런하고 머리도 좋아서 잘할 거야."

김민우 사장이 가게를 이어받기 전 가장 먼저 한 일은 전국의 내놓
으라 하는 부대찌개 집을 순회한 것이다. 〈오뎅식당〉 부대찌개의 객
관적인 평가가 필요하다고 느꼈기 때문이다.

"그때 알았죠. 할머니 부대찌개가 전국 최고라는 걸!"

김민우 사장이 본격적으로 가게를 이어받으면서 많은 변화가 생겼다.

"예전에는 소비자 입장에서 조금 불편한 식당이었어요."

직원들 나이가 많다보니 서빙도 유연하지 못했고 젊은 손님들은 어
르신 직원에게 뭔가를 요구하기가 어려웠던 것이다. 그런 게 좋아서
오는 손님도 있었지만 대다수 손님은 불편해 했다.

나이든 직원을 젊은 직원으로 교체하는 과정에서 할머니와의 갈등도 있었다. 하지만 손님들 반응이 좋은데다 매출도 오르자 할머니는 이렇게 말씀하셨다.

"그래. 네 판단이 맞는 거였어. 앞으로는 전적으로 네 말을 따르마."

부대찌개에 넣어 먹는 사리도 라면 하나뿐이었는데 젊은 층을 위해 베이컨과 치즈떡을 추가시켰다. 이후 매출이 눈에 띄게 늘어서 할머니가 무척 좋아하셨다. '역시 내 눈이 틀리지 않아'라며 스스로 만족하셨을 터. 이후 손자의 의견을 전적으로 존중하셨다고 한다.

음식 간도 늘 손자에게 보게 했고 '부대찌개 맛을 제일 잘 아는 건 우리 손자'라고 공공연하게 말씀하셨다. 직원들에게도 "앞으로 모든 건 손자 말대로 하겠다"면서 힘을 실어주시기도 했다.

할머니는 늘 '부지런해야 한다. 특히 손님한테 잘해야 한다'는 말을 귀에 못이 박히도록 하셨다.

"맛도 맛이지만 할머니처럼 손님 한 분 한 분에게 정성을 들이는 사람은 본 적이 없습니다. 저도 흉내는 내고 있지만 할머니처럼은 힘들어요. 아마, 평생 힘들 겁니다."

할머니는 진정 음식 만드는 일과 당신이 만든 음식을 먹으러 온 손님에 대한 애정이 남달랐던 모양이다.

"이젠 좀 쉬시라고 해도 가게를 떠나신 적이 없어요. 우여곡절 끝에 모시고 나가도 빨리 가게 들어갈 생각만 하셨죠. 비행기도 한번 못 타보시고 제주도도 한번 못 가보시고 돌아가신 할머니를 생각하면 늘 마음이 아픕니다."

살아 있는 날까지 식당에서 부대찌개를 팔 거라고 하셨던 할머니는 그 소망을 이루고 2014년 6월 먼 길을 떠나셨다.

식당에 인생을 저당 잡힌 삶

김민우 사장의 삶은 할머니와 다를까? 저녁이 있는 삶, 주말이 있는 삶, 여행을 즐기는 삶을 살고 있을까?

"이상하게 저도 못 쉬네요. (웃음) 지난 7년간 결혼식 날 딱 하루 쉬었습니다."

요즘 20대 부부가 일이 너무 바빠서 신혼여행도 못 갔다니 전무후무한 일일 것이다. 신부가 서운해 할 만도 하다. 그런 마음을 충분히 드러낸다 해도 뭐라 할 사람이 없을 것이다.

"서운해 하지 않더라고요. 적응이 돼서 그런지. (웃음)"

언젠가 기회가 되면 물어보고 싶다. 진정 서운하지 않았는지. 자녀가 둘인 김민우 사장은 큰애가 올해 여섯 살인데도 같이 보내는 시간이 거의 없다. 아기 돌잔치마저 식당에서 했을 정도다.

아빠랑 같이 동물원 놀이동산에 가는 일은 명물 가게 사장의 아이들에게는 언감생심인 모양이다. ─ 큰 애가 어린이집에 들어간 이후 '아빠랑 체험 학습' 숙제가 있어서 놀이공원에 하루 다녀왔다고 한다

— 1년 365일 연중무휴 문을 여는 〈오뎅식당〉의 주인은 앞으로 며칠이나 쉬게 될까?

평생을 여행 한번 못 가고 식당만 지키신 할머니가 늘 안타까웠지만 손자 역시 할머니와 다를 바 없는 인생을 살고 있었다. 그럼에도 불구하고 식당 일이 즐겁고 대를 이은 것에 후회가 없다는 김민우 사장. 역시 할머니의 눈은 정확했다.

소위, 대를 잇는 식당, 명물이 된 가게들의 공통점 가운데 하나가 식당 주인들은 대부분 자신의 인생을 가게에 저당 잡힌다는 것이다. 1년 365일 식당에서 벗어날 수 없으니 철창 없는 감옥이 따로 없다. 돈을 벌어도 쓸 시간이 없으니 크게 욕심도 내지 않는다.

그런데 경이로운 건 그들 대부분이 그것을 마다하지 않으며 흔쾌히 받아들인다는 것이다. 허기숙 할머니와 김민우 사장처럼. 식당은 자신을 온전히 내던져야만 성공할 수 있다. 그럴 자신이 없다면 몸고생 마음고생 하지 말고 과감히 포기하기를 바란다.

욕심 내지 말고 할 수 있는 만큼만

김민우 사장의 하루는 가게에 나와 육수를 만드는 일부터 시작된다. 식자재 재고 파악도 직접 한다. 인스턴트식품이지만 햄도 캔에서 뜯어 바로 끓여야 더 맛있다. 무슨 음식이든 시간이 흐르면 물이 빠지고 마르기 마련.

"뜯은 햄을 그날 다 소비하지 못하면 다음날 아침 직원들이 다 먹어야 합니다. (웃음)"

아, 나도 〈오뎅식당〉에서 일하고 싶다.

김민우 사장이 제일 신경 쓰는 식자재는 김치다. 1년에 본점에서만 2만 5,000포기를 쓴다. 속초 지역 민통선에서 자라는 해풍 맞은 배추만 고집하고 해양심층수로 배추를 절인다.

"같은 햄을 쓴다고 해도 김치만큼은 어디서도 흉내 내지 못할 겁니다."

그만큼 김치에 대한 자부심이 남달랐다.

2016년 현재 〈오뎅식당〉은 본점과 직영점 두 개가 운영 중이다. 가맹 문의가 빗발친 지 오래지만 가맹점은 아예 생각도 안 한다.

"욕심 내지 말고 내가 할 수 있는 선 안에서 하라고 하신 할머니 뜻을 따르고 싶어요. 돈보다 할머니가 지켜온 맛을 저 역시 지키고 싶고요. 어디서나 먹을 수 있는 음식이 아니라 찾아가서 먹는 그런 음식을 만들고 싶습니다."

〈오뎅식당〉은 60여 년간 단일 메뉴로 최고의 명성을 이어왔다. 역사만 길다고 명물이 되는 건 아니다. 거기엔 사람들의 절대적인 애정이 필요하다.

다른 유수의 노포와 달리, 〈오뎅식당〉은 해가 갈수록 손님이 늘어나고 있다. 부대찌개라는 음식 특성상 앞으로 이곳을 찾는 사람들은

더 많아질 것이다. 아픈 역사를 안고 태어났지만 강하게 성장한 부대
찌개는 우리를 기쁘게 한다. 전통의 맛과 트렌드의 균형을 잘 잡아준
다면 부대찌개는 100년 아니 200년도 거뜬할 거라고 믿는다. 김민우
사장이라면 믿을 만하다.

역전회관

반짝 돈 벌고
끝낼 수는 없다

— 김도영

남녀노소는 물론 외국인에게도 인기 있는 한국 음식은 자타공인 불고기다. 불고기로 유명한 세 지역은 서울, 언양 그리고 광양이다. 육수를 넣고 전골냄비에 끓여 먹는 서울식 불고기는 물이 많아 '물고기'라고도 불린다. 달콤한 맛이 강한 게 특징이다.

예부터 우시장이 발달해 질 좋은 소고기로 만들어지는 언양 불고기는 얇게 다진 고기를 간장 양념에 2~3일 숙성해 구워 먹는 방식이다. 1960년대 이후 고속도로 건설을 위해 모여들던 근로자들 사이에서 입소문이 나 유명세를 탔다고 한다.

숯불이 발달한 광양은 불고기도 숯불구이 방식으로 요리한다. 먹기 직전 양념해서 바로 숯불에 구워 먹기 때문에 참숯 향을 깊게 느낄 수 있다.

여기에 불고기 하나를 더 얹는다면
'바싹불고기'다. 소고기를 양념으로 숙
성시켜 직화로 바싹 구워내는데 가능
한 한 수분과 지방을 모두 날린다. 고기
반 야채 반인 다른 불고기에 비해 오로
지 고기만을 사용하기 때문에 양도 꽤 된다. 빈대떡처럼 납작하게 구
워낸 바싹 불고기가 굳이 어디 식이냐고 따진다면, 역전식?!

이런 말이 있다. '기차역이나 버스터미널에 있는 식당은 가지 마
라.' 늘 뜨내기손님으로 붐비고 낯선 이와의 합석은 필수다. 음식 맛
을 기대하기는 힘들다. 그래서 나는 정말 배고프지 않으면 절대 갈 일
없는 곳이 역전식당이다.

그런데 전라도 미식가들은 서울에 볼 일이 있으면 용산역을 이용했
는데 근처에 꼭 들르는 곳이 있었다. 바로 〈역전회관〉이다. 촌스럽기
도 하고 정겹기도 한 이름 〈역전회관〉은 바싹 불고기란 메뉴를 처음
세상에 알린 곳이다.

소문은 꼬리에 꼬리를 물고서

〈역전회관〉의 모태는 1928년으로 거슬러 간다. 김도영 사장의 시

할머니인 故 김막동 할머니가 전남 순천에서 설렁탕, 수육, 불고기를
주 메뉴로 한 '호상식당(1928~1958)'이란 밥집을 운영하셨는데 그 지
역에서는 꽤 유명세를 탔다고 한다.

〈역전회관〉의 창업주이자 김도영 사장의 시아버지인 신진우 씨는 서
울대 농대를 졸업했지만 하는 사업마다 엎어졌고 마지막이라는 심정
으로 1962년 서울 용산역 앞에 아내와 함께 가게를 내고 '역전식당'이
라는 간판을 걸었다. 고춧가루나 고추장이 들어가지 않는 선짓국이 주
메뉴였다. 매운 양념 대신 신선한 선지와 콩나물, 대파가 들어가 시원
한 맛을 내는 선짓국은 '호상식당'을 하던 어머니에게 배운 것이었다.

별미로 주물럭이 있었는데 식당의 주 연료가 연탄불이던 시절이라
가게는 연탄불에 주물럭 굽는 냄새와 연기로 숨 쉬기조차 어려웠다고
한다. 부부는 갖은 궁리를 하다가 묘안을 낸다. 주방에서 센 불에 고
기를 구워서 내기 시작한 것. 이것을 먹는 손님들이 "국물도 없이 바
싹한데?" 해서 이름이 붙여져 '바싹불고기'다.

글자 그대로 '바싹' 구워낸 바싹불고기는 굽는 기술이 가장 중요하

다. 주문이 들어오면 석쇠에 고기를 얇게 펴서 가장 센 불로 재빨리 뒤집어가며 굽는 것이 맛의 비결이다. 불향과 식감이 그대로 살아 있다. 굽는 기술이 없으면 고기가 타기 십상이고 불이 약하면 육즙이 빠져나간다.

이후 '역전식당'은 바싹불고기로 명성을 떨치기 시작했다. 특히 순천에서 서울로 올라온 철도청 직원들이 '순천의 호상식당 아들, 며느리가 하는 곳'이라며 입소문을 내주었다. 덕분에 인근 직장인과 상인들까지 — 〈역전회관〉 바로 뒷골목에 자리 잡고 있던 홍등가 아가씨들은 물론이고 일대를 주름잡던 형님들도 단골이었다 — 즐겨 찾게 되면서 명소로 자리 잡았다.

〈역전회관〉 단골 중에는 콩나물이 들어간 소고기무국, 이른바 '밥 국물'을 사랑하는 이들이 많을 것이다. 소고기무국의 깊은 맛과 콩나물국의 시원한 맛이 합쳐진 이 밥 국물이 용산 시절에는 근처 홍등가 아가씨들의 무한리필 해장국이 되기도 했단다. 쓰린 속을 부여잡고 있는 이들에게 말없이 밀어주던 밥 국물은 주인 할머니의 넉넉한 인심을 대변했다.

〈역전회관〉에 가면 그 국에 밥을 서너 순가락 말아 김치를 얹어 먹는다. 훌륭하다. 국이 있으면 밥을 퐁당 말아 먹는 열한 살 우리 조카도 사랑하는 음식이다.

1980년대 가게를 확장하면서 신진우 씨의 맏아들이자 김도영 사장의 남편인 신한식 씨가 일손을 돕기 시작했다. 허드렛일을 시작으로 주방 일을 도우며 모든 노하우를 터득한 뒤 1990년 가게를 물려받았다. 이후, '역전식당'은 〈역전회관〉으로 이름까지 확장했다.

먹고 놀던 며느리가
식당을 이어받는다고?

김도영 사장은 원래 전업주부였다. 용산 가게 시절에는 손님처럼 밥만 달랑 먹고 들어오기 일쑤였다. 아무리 바빠도 시부모님은 물론이고 남편도 나와서 도우라고 하질 않았다.

2008년 용산역 재개발 사업이 추진되면서 용산 가게가 문을 닫을 때 시부모님은 식당을 접으려고 했다. 50년 이상 가족의 생계를 책임져 온 고마운 식당이었지만 그만큼 힘겨운 일이기도 했기 때문이다.

그런데 영국으로 유학을 간 김도영 사장의 아들이 복병이었다. 영국에서 고등학교를 마치고 군복무를 위해 한국에 온 아들은 사뭇 진지하게 자신이 식당을 이어받고 싶다는 뜻을 밝혔다. 군대를 다녀와서 공부를 마칠 동안 가게를 지켜달라고 간청했다.

유학 보낸 아들이 멋들어진 레스토랑도 아니고 할아버지와 아버지가 하던 식당을 이어받고 싶다니 박수치며 환영할 상황은 아니었다. 특히 그 일이 얼마나 고된지 너무나 잘 알던 아버지가 허락했을 리 없다.

아버지는 아들의 청을 거절했다. 아들은 엄마에게 매달렸다. 그럼 엄마가 지켜달라고. 차마 아들의 부탁을 거절할 수 없었던 김도영 사장은 그때부터 외식업에 관한 공부를 시작했다.

그런데 공부를 하면서 김도영 사장은 충격을 받았다. 〈역전회관〉은 3대를 잇고도 기업 성장에 큰 뜻이 없었는데 고작 역사가 10~20년 된 식당들이 자부심이 갖고 가게를 확장하면서 어마어마한 기업으로 성장하고 있었던 것이다.

"그때 생각했죠. 내가 그동안 세상을 너무 몰랐구나. 너무 바보처럼 살았구나 싶었어요."

그때부터 〈역전회관〉을 단지 아들 부탁 때문이 아니라 지켜내야겠다고 마음먹은 것이다.

김도영 사장이 식당을 해보겠다고 나섰을 때 누구보다 말린 사람은 남편이었다. 외식업의 '이응'자도 모르고 카운터에서 돈 한번 안 받아본 사람이 무슨 외식업을 하겠냐는 것이었다. 맞는 말이다. 하지만 그는 확신과 자신감이 있었기에 남편을 설득하고 싸웠다. 결혼 생활 이후 그때처럼 격렬하게 싸운 적은 없었다. 스스로도 놀랄 만큼 투지가 불타오르고 있었다.

"남편이 너무 반대해서 마지막에 내놓은 카드는 이혼이었어요. 이혼하고 위자료를 받아 가게를 하겠다고 협박했더니 남편이 수그러들었어요."

그 정도 결심이라면 '그래 한번 해봐라' 하는 마음이었을 것이다.

젊은 손님들이 인정한 맛

〈역전회관〉의 새 둥지는 어디에 마련해야 할까. 고민이 시작됐다. 상권 조사를 꽤 하고 다녔다. 강남 욕심이 났지만 너무 비쌌고 일산이나 분당은 용산과 너무 멀었다. 그래서 나온 결론이 마포였다. 용산 본점과 가깝고 먹거리촌도 형성되어 있고 여의도에서 오는 손님이 많다는 점도 생각했던 것이다.

용산점과 마포점을 2년간 병행했다. 용산점의 후광에 힘입어 마포점은 저절로 굴러갈 것이라는 기대도 있었지만 되레 그것은 더 큰 걸림돌로 작용했다. 일단은 맛이 달랐다.

"같은 고기에 같은 양념, 같은 주방장이 요리하는데도 용산 가게와는 맛이 다른 거예요."

도대체 어디서, 뭐가 잘못된 건지 알 수 없었다. 남편은 물론이고 수십 년간 〈역전회관〉을 지켜온 주방장조차 원인을 파악하지 못했다. 무엇보다 용산 가게와 같은 맛을 내는 게 당면과제였다.

혹시 불 때문인가 싶어 마포점에서 양념된 고기를 용산점으로 가져

가서 구워보고 거기서 굽던 고기를 조금 남겨 다시 마포점으로 갖고 와 구워보기도 했다. 하루에 몇 번씩 용산과 마포 식당을 오가면서 같은 맛을 내려고 해봤지만 허사였다. 정말 미칠 노릇이었다. 그 과정은 10개월 이상 이어졌다.

있는 돈, 없는 돈 다 끌어다가 큰돈을 투자한 상황이라 스트레스가 이만저만이 아니었다. 안 하던 식당 일을 하려니 몸도 죽을 것처럼 고되고 힘들었다. 스트레스와 고단함은 몸으로 나타났다. 온 몸이 곪고 터졌다. 하지만 모두가 쌍수 들고 반대하는 걸 우겨서 한 일이라 힘들다 아프다 하는 소리는 입도 벙긋 못했다.

오픈하고 1여 년 동안 고행도 그런 고행이 없었다. 그 넓은 공간에 하루 한 테이블이 있을까 말까였다. 그중에서 제일 무서웠던 것은 오랜 단골손님이었다. '이 집이 그 집 맞냐?', '당신 가짜 아니냐?' 매서운 소리를 할 때면 죄 지은 것도 없는데 심장이 오그라들었다.

지난한 시간을 보낸 후에야 드디어 해답을 얻었다. 이유가 뭐였을까? 그것은 바로 고기의 숙성 온도와 불의 온도 그리고 식당 내 습도였다. 용산 식당은 도시 한복판에 위치해 있는데다 높은 건물이 없어서 습도와 온도 차이가 났던 것이다.

"오래된 가게들이 섣불리 이사하면 안 된다는 말이 그냥 하는 게 아니었어요."

하다못해 공중에 떠도는 균과 공기도 음식 맛을 좌우할 수 있다는 걸 그때 깨달았단다.

그렇게 용산 시대가 마감되고 마포 시대가 시작되었다. 다행히 용산 때보다 장사가 잘됐다. 특히 노포의 약점이라 할 수 있는 젊은 손님이 늘어나고 있다는 건 최고의 수확이었다. 부모 세대들은 생각도 못했던 식품 특허와 상표 등록도 냈다.

시아버지가 나를 '김 사장'이라고 불러주었다

반대했던 시부모님도 무척 만족스러워하셨을 터. 아들도 사장이라 부르지 않던 아버님이 어느 날 '김 사장'이라고 불러줬을 때 그간 말 못하고 혼자 힘들었던 시절이 떠올라 눈물이 핑 돌았다. 세상 물정 모르던 며느리가 얼마나 힘들었을지 평생 식당으로 잔뼈가 굵은 그분들이 모르실리 없다.

김 사장이라 부르던 시부모님 한마디에 모든 걸 보답 받은 기분이 들었을 것이다. 그러나 남편이 없었다면 지금의 〈역전회관〉 역시 없었을 거라고 말한다.

"일은 제가 다 벌려놓고 뒷감당은 남편이 다 해줬죠. (웃음) 남편이 도와주지 않았다면 불가능했을 일입니다."

신한식 씨는 아버지의 식당을 이어받는 것을 달가워하지 않았다. 스스로 원해서 시작한 일이 아닌데다가 쓰레기 치우고, 접시 닦고, 바닥 닦기 등 허드렛일만 10여 년이나 계속했기 때문이다. 아버지가 그랬듯이 쉬는 날 없이 일만 했다.

"그때는 남편이랑 저녁 한 끼 먹는 게 소원이었어요. 아이들 키우면서 함께 어딜 놀러가 본 적이 없으니 아이들 소원도 마찬가지였죠."

그런 신한식 씨가 있었기에 〈역전회관〉은 지금껏 지켜지고 있다. 모든 공이 김도영 사장에게 돌아가고 있지만 그의 말대로 용산 시대를 마포 시대로 성공적으로 이끈 진정한 공로자는 남편이다.

현재의 바싹불고기는 용산 노포에서 먹던 맛 그대로인가에 대한 질문에 김도영 사장은 예전보다 조금 달달해졌다고 평가한다.

"하지만 정기적으로 시부모님을 모시고 맛을 평가받습니다. 그분들이 지금도 살아계신 것 자체가 저한테도, 〈역전회관〉에도 대단한 행운이죠."

〈역전회관〉 창업자인 신진우, 홍종엽 부부는 지금도 일주일에 서너 번은 가게에 나와 음식 맛이며 빛깔까지 깐깐하게 챙기고 아니다 싶으면 쓴소리도 서슴지 않는다.

"그나마 어머님은 좋게 얘기하세요. 아버님은 현직에 계실 때도 간이 아니다 그러면 음식을 통째로 다 버리셨던 터라 늘 긴장돼요."

식당을 물려준 부모님은 '항상 음식 간을 직접 보라'고 당부하셨다. 같은 공장의 고추장도 계절 따라, 시기 따라 맛이 달라진다는 것이다. 김도영 사장이 식당에 나오면 음식 간부터 보는 이유다.

이 모든 일에 첫 삽을 뜨게 한 인물은 그의 아들이었다. 문을 닫겠다는 식당을 어린 나이에 이어받겠다고 나선 게 신기했다. 하지만 한국에서 학교를 다녔다면 생각도 못했을 일이다.

"어떤 계기로 그런 생각을 했는지는 모르겠어요. 아마도 영국에서 공부하면서 전통이나 오래된 것들에 대한 가치를 배운 게 아닌가 싶네요."

아들은 군 복무를 마치고 미국 CIA 요리학교에서 호텔경영학을 공부 중이다.

"돌아오면 남편이 그랬던 것처럼 밑바닥부터 차근히 배우도록 할 작정입니다. 이론도 중요하지만 장사는 실전이니까요."

장사는 실전이라는 것을 누구보다 뼈저리게 느낀 김도영 사장이다. 그도 잘 몰랐을 때는 가맹점 생각도 했다. 남들처럼 크게 키우고 싶은 꿈도 있었지만 실전에서 배운 교훈은 한식은 맛의 일관성을 지키기 힘들다는 것이었다.

"대를 이을 식당인데 반짝 돈 벌고 끝낼 수는 없죠. 시부모님이 지금까지 지켜왔던 것처럼 저도 이 식당을 잘 지켜서 아들에게 고스란히 물려주고 싶어요."

이것이 김도영 사장의 꿈이다.

산골면옥

식자재는 반드시
신선한 것으로

— 김종녀

어느 해 초여름, 식도락가를 자처하던 선배와 점심을 먹기로 했다. 특별한 맛집이라면서 을지로 4가에 있는 〈산골면옥〉으로 오라고 했다. 골목을 돌고 돌아 찾아간 그곳은 뭔가 범상치 않은 기운이 느껴지는 식당이었다. 처음에는 가게 앞에 빨간 고무대야 — 호기심에 살며시 뚜껑을 열어보니 빛깔 고운 동치미무가 가득했다 — 가 줄 지어 있는 것이 깔끔하지 못하다는 인상을 받았다. 입구부터 가게 안까지 뭘 그리 바리바리 쌓아놓았던지 창고 같기도 했다.

같이 온 후배가 "어휴, 뭘 이런 데서 먹어"라며 투정부렸지만 식당을 한번 둘러본 나는 이 집의 음식 맛이 범상치 않을 거라고 확신했다. 왜냐하면 식사 때가 한참 지난 시간인데도 손님들로 꽉 차 있었고

대부분이 어르신이었다. 저들은 대부분
단골손님일 터.

　손님의 연식만큼이나 세월의 무게가
느껴지는 식당에서 내 눈을 번쩍 뜨이
게 하는 물건 하나를 발견했다. 박물관
에서나 봄직한 낡은 공중전화가 가게
입구에 떡 하니 버티고 있었던 것. 당연히 작동 중이었다. 참고로 공
중전화 기본요금은 70원. 다만 시간에 따라 시내와 시외, 국제전화 요
금은 다르다.

　자리에 앉으니 묻지도 않고 동치미 한 대접을 내준다. 동치미 맛이
제대로다. 감히 단언컨대 나는 동치미 맛에 대해서 일가견이 있는 편
이다. 물론 취향이라는 건 분명 있겠지만.

　어릴 때부터 우리 집 겨울 밥상에 빠지지 않는 메뉴가 바로 동치미
였기 때문이다. 아무리 익어도 무는 아삭아삭한 식감이 살아 있어야
하고 국물은 살짝 쏘는 탄산에 찝찌름한 맛이 개운해야 한다. 열한 살
된 우리 조카 역시 어릴 때부터 할머니의 동치미를 먹고 자라선지 지
금도 동치미 한 대접은 그 자리에서 원샷이다.

　특히 쟁반막국수는 '둘이 먹다 하나가 죽어도 모른다'는 식도락가
선배 말에 족발이나 보쌈집에서 내놓는 쟁반막국수를 떠올렸다. 하지
만 차원이 달랐다. 싱싱한 야채와 차갑게 식힌 찜닭의 쫄깃한 살이 듬
뿍 들어 있는 쟁반막국수는 첫 입에 "맛있다, 맛있다"가 연발이었다.

내가 꼭 가게를 지켜야 한다

1962년 춘천에서 문을 연 〈산골면옥〉은 현재는 을지로에서 꽤나 유명한 맛집이다. 을지로에서 막국수를 먹자고 하면 다 알아듣는 집이다. 너무 가난한 음식이라 감히 손님에게 내놓기조차 민망했던 화전민들의 국수가 막국수란 이름을 달고 처음 세상에 선보였던 집이다. 서울에 막국수란 메뉴를 처음 선보인 집이기도 하다.

옛 어른들은 국수란 음식을 유난히 홀대했던 거 같다. 끼니로 때우기엔 부족하고 별식이라고 하기에도 허술했기 때문일 것이다. 소화가 잘되는 음식이라 그럴 수도 있겠다. 먹을 게 귀하던 시절, 먹고 기침만 해도 소화가 되는 음식이 대접받기는 힘들었을 터. 생각해보면 농사꾼이었던 우리 할머니도 우리가 먹고 뛰어노는 걸 탐탁하게 여기지 않으셨다. 배 꺼진다고.

국수 중에서도 가장 가난한 음식이 막국수다. 이 음식을 얼마나 '막' 대했으면 이름마저 '막'국수란 말인가. 굳이 비교하자면 냉면이 평양을 중심으로 양반님들이 즐겨먹던 선주후면(先酒後麵)의 국수라면 막국수는 서민들이 즐겨먹던 국수다. 예전에는 맷돌에 메밀을 껍질째 갈아서 국수를 만들었기 때문에 먹고 나면 치아에 메밀껍질이 까맣게 꼈다고 한다. 지금이야 도정 기술이 워낙 발달해 껍질의 흔적이라고 해 봐야 면에 거뭇거뭇한 점들이 전부지만.

밀가루가 흔치 않던 시절에는 다들
메밀로 국수를 해먹었다. 겨울에는 동
치미에 국수를 말아서 운이 좋아 꿩이
라도 잡는 날엔 고명으로 꿩을 올렸다.
여름에는 새콤달콤한 양념장을 만들어
비벼먹었다. 그런 메밀국수를 막국수란
이름으로 간판을 처음 단 이가 바로 故
임금례 할머니 - 김종녀 사장의 시어
머니 - 다. 그렇게 막국수는 1962년 춘
천의 작은 실비집에서 출발했다.

김종녀 사장이 스물한 살에 시집을 와보니 춘천시 중앙로 2가, 현
재 중앙시장 맞은편에서 시어른들이 식당을 하고 있었다. 당시 막국
수 단품이었는데도 장사가 꽤 잘됐고 맏며느리로 시집간 그는 장사가
싫고 자시고 생각할 겨를도 없이 식당 일에 뛰어 들었다. 당연히 해야
하는 일이라고 여겼고 힘든 줄도 몰랐다. 그에게 가장 힘든 건 호랑이
시어머니였다.

"너무 무서웠어요. 늘 야단치고 성질부리고 그러다 메밀 반죽을 던
지기도 하셨죠."

사소한 실수에도 야단을 치고 뭐든 당신 뜻대로 되지 않으면 성질을
부리다 메밀 반죽을 집어던지는 시어머니가 스물한 살 새댁에게는 얼
마나 무서웠을까? 그래서 많이 울었다고 한다. 보수도 제대로 못 받고

밤낮없이 일했지만 돌아오는 건 늘 핀잔뿐이었으니 더 서러웠을 것이다.

아이러니하게도 김종녀 사장의 아들인 서민식 씨는 할머니에 대해 상반되는 기억을 갖고 있었다.

"저한테 할머니는 항상 자상하고 고마우신 분이었어요. 어머니랑 다른 사람에겐 호랑이처럼 무서웠는데 저는 늘 예뻐하셨죠."

맏손자라 특별히 편애하셨던 것일 터. 옛날엔 다 그랬고 그걸 당연하게 여겼으니까. 8년을 시부모님 밑에서 눈물 쏙 빠지게 고생하면서 일을 배운 김종녀 사장은 1972년 드디어 분가하게 됐는데 그게 서울 다동이었다. 당시 막국수를 먹으러 춘천 가게를 일부러 찾아오는 서울 손님들이 적지 않았는데 서울로 오라는 제의를 많이 받았기 때문이다.

처음 서울로 상경해서도 막국수 장사는 꽤 잘됐다. 당시 막국수는 생소한 음식이었지만 서울깍쟁이들 입맛에도 제법 잘 맞았던 모양이다.

1970~80년대 장사가 잘되던 시절에는 돈 받을 시간도 없었다. 그래서 카운터에 구멍을 뚫어놓고 손님에게 셀프 계산을 하도록 했다고 한다. 그만큼 바빴던 것.

서울로 분가한 〈산골면옥〉이 이렇게 승승장구하는 사이, 작은 아들이 물려받은 춘천의 할머니 가게는 문을 닫게 됐다. 명성만 믿고 주인이 가게를 지키지도 않았다니 그 끝은 불을 보듯 뻔하다. 대를 잇는다고 해서 쉽게 장사가 되는 건 아니다.

대를 이은 사람은 이전의 명성을 지키면서도 시대 변화에 대처해야 살아남을 수 있다. 하루아침에 손님이 몰려와 줄을 설 수 있는 것도 식당이지만 반면에 아무리 오랜 명성을 쌓은 식당이라 해도 하루아침에 문을 닫을 수 있는 것이다.

3대를 이을 아들 신민식 씨에게 부족한 게 뭔지 묻자 김종녀 사장은 딱 한 가지를 지적한다.

"손님을 대할 때 공손하고 친절해야 하는데 그렇지가 않네요."

그 부분에 있어서 서민식 씨도 할 말이 많다.

"저도 나름대로 노력은 합니다. 저희 가게는 어르신들이 많이 오시는데 특별대우 받기를 원하시는 분들이 종종 계세요. 그분들이 원하는 특별 서비스가 힘든 게 아니라 그게 다른 손님한테 불편할 수 있거든요. 그건 옳지 않다고 생각합니다."

원래 진상손님은 단골진상이 갑이다. 심지어 단골손님 중에는 가게가 방송을 타거나 언론에 노출되는 것을 두고도 공공연히 마땅찮게 여기는 이들도 있다고 한다. 이유는? 뜨내기 손님이 많아져서 번잡스러워진다는 것이다. 여하튼 아들의 반박에 김종녀 사장 역시 지지 않고 되받아친다.

"그런 걸 다 받아줘야 하죠. 우리 집 찾아오는 손님인데."

모자간에 가장 합의점이 보이지 않는 지점이다. 모자가 또 하나 합의점을 찾지 못하는 게 있다. 가장 좋은 식자재를 쓰는 것에 대해서는 이견이 없다. 그런데 간혹 상추나 양파가 천정부지로 올라 구하기도 쉽지 않을 때가 있다. 그럴 때일수록 김종녀 사장은 더 많이 사서 쟁여놓는다.

"없어서 못 쓰면 어떡해요. 뭐든 많이 사서 쌓아놔야 안심이 돼요. 가을에도 쌀을 수십 가마니 들여놓고 소금이든 양파든 많이 사요."

사실 농산물 가격이 오르면 정부가 움직인다. 어떤 방법을 써서라도 다시 안정화 시킨다. 그걸 아는 신민식 씨는 이렇게 답한다.

"조금만 기다리면 다시 가격이 떨어질 텐데 비쌀 때 많이 사서 쌓아두니 결국 가장 비쌀 때 사서 쓰는 격이죠."

더불어 장소도 협소한데 쌀이든, 소금이든, 고추든 몇십 가마니씩 사서 쌓아두니 아들은 그게 답답한 것이다. 김종녀 사장은 답답해하는 아들의 하소연에 그저 웃기만 한다.

'우리 아들 많이 컸네. 그래도 장사는 그런 게 아냐' 하는 눈빛이다.

김종녀 사장의 미소 뒤에는 무엇이 숨겨져 있을까. 나는 가늠도 하지 못하겠다. 그러나 분명한 건 3대를 걸쳐 춘천막국수를 이끌어온 그가 그저 답답한 노인네는 아니라는 것이다. 서민식 씨 같은 아들 열이 붙어도 어머니는 꿈쩍 안 할 거라는 것이다. 나는 그런 김종녀 사장이 좋다. 신민식 씨는 건강이 좋지 않은 어머니가 가게의 사소한 일까지 신경 쓰는 게 속상하다.

"이젠 연세도 있고 몸도 안 좋으셔서 좀 쉬셔야 되는데 너무 사소한 일까지 일일이 당신이 직접 하시니까 저로서는 불편하죠."

아들도 있고 직원도 있
는데 왜 당신이 군이 사소
한 일까지 일일이 직접 하실
까? 그에게 이유를 물었다.

"장사하다보면 그런 자잘
한 일들이 힘들어요. 힘든
일이라 제가 해요. 몸이 좋
지 않아서 오래는 못할 것 같지만."

가게를 물려주면 이 모든 게 아들의 일이 될 것이다. 김종녀 사장은
건강이 허락되는 날까지 아들 뒤를 봐주고 싶다고 하신다. 역시 어머
니의 마음이다.

직접 장을 보는 꼼꼼함

장사는 늘 잘됐고 앞으로도 잘되겠지만 김종녀 사장은 아들이 장사
하는 걸 원치 않았다.

"저는 평생을 휴일도 없이, 휴가도 없이 밤이고 낮이고 일만 했어
요. 아들이 그렇게 사는 걸 원치 않았어요. 그래서 좀 편한 다른 일을
했으면 했어요."

그런 어머니를 보고 자란 서민식 씨가 식당이 얼마나 힘든지 모를

리 없었다. 늦은 밤 혼자서 울고 계신 어머니를 종종 봤다고 한다. 왜 우셨을까? 진상손님의 억지 때문일 수도 있고, 자존심을 짓밟고 억울한 일을 당했을 수도 있고, 뼛골이 아픈 통증 때문일 수도 있을 것이다.

"어린 마음에도 저렇게 힘드신데 이걸 안 하고 살 수는 없나 생각했습니다."

그것이 생계이고 자식들과 유일하게 먹고 사는 일인데 어떻게 안 할 수 있었을까. 아들 말에 그는 말없이 웃는다. 아들은 좀 더 편한 일, 멋진 일을 했으면 바랐던 어머니 소망처럼 신민식 씨도 예전에는 다른 일을 했다. 출판사도 운영했고 건설업에도 손을 댔다.

"잘됐으면 아마 막국수 집은 안 했을지도 모르지요."

신민식 씨는 사업을 하면서 사기도 당하고 부도도 맞았다. 그럴 때마다 구멍을 메워준 이는 어머니였다. 세상 풍파에 생채기가 나고 지친 아들은 결국 가게로 돌아왔다. 어머니 뱃속에서부터 줄곧 막국수를 먹고 자란 그가 있을 곳은 바로 여기였던 것이다.

김종녀 사장은 지금도 직접 장을 본다. 가장 좋은 재료, 가장 신선한 재료여야 하기 때문이다.

"저희 가게는 특별한 노하우라는 게 없습니다. 메밀부터 음식에 쓰이는 모든 식자재가 신선하다는 게 노하우라면 노하우죠."

어머니와 아들이 식당을 운영하면서 이견이 없는 게 이 부분이다. 가장 좋은 재료, 가장 신선한 재료가 가장 중요하다는 것.

냉면과 마찬가지로 막국수도 제일 중요한 것도 동치미다. 〈산골면옥〉이 동치미를 담그는 날은 을지로 식당들이 시래기를 걷어가는 날이다. 큰 무 다섯 개 묶음 1,000단이 동치미로 쓰인다. 그 양이 도대체 얼마나 되는지 가늠조차 안 된다. 동치미는 단단

하고 시원한 맛이 일품인 가을무로 담그는 게 정석이다. 그 좁은 골목 어디서 그런 어마어마한 양의 동치미를 담그고 보관할 장소가 있단 말인가?

가게 안팎이 저렇게 빨간 고무대야로 바리바리 쌓인 데는 다 이유가 있었다.

직원은 가족이다

〈산골면옥〉의 면장은 춘천 시어머니 때부터 일하던 직원이다. 환갑이 넘었다.

"저희 가게는 근무한 지 20년이 넘은 직원이 여럿입니다. 20년을 동거동락한 사람들인데 가족이나 다름없죠."

지금까지도 '미스 김'이라고 불리는 아줌마가 있다. 왜 미스 김일

까? 결혼 전부터 일하기 시작해 미스 김으로 불리던 것이 익숙해져 손자를 볼 나이가 됐는데도 여전히 그렇게 불리는 것이다. 동생이 다 커서 머리에 서리가 내려앉아도 큰언니한테는 여전히 어린 동생이나 마찬가지인 것처럼 한번 미스 김은 영원한 미스 김인 것이다.

직원들이 수십 년씩 그만두지 않고 일하는 데는 특별한 비결이 있을 것이다. 비법에 대해 묻자 김종녀 사장은 딱 한마디만 했다.

"그냥 가족처럼 대해요."

집안 살림이 어렵다고 해서 가족을 굶기고 내보낼 수는 없는 법. 가족이라 생각한다면 밥 더 준다고 다른 집으로 가지는 않는다. 〈산골면옥〉 직원들은 이미 가족이었다.

이곳의 음식은 젊은 사람들 입맛에도 잘 맞을 게 분명하다. 하지만 젊은 사람들에겐 문턱이 높다. 위치가 그렇고 인테리어가 그렇다. 오래도록 이 집을 지켜준 건 분명 충성도 깊은 단골이겠지만 나는 더 많은 사람들이 막국수 맛을 볼 수 있었으면 좋겠다. 막국수는 평양냉면보다 저렴하지만 젊은 사람들 입맛에 더 잘 맞을 것이다. 젊은 사람들이 만능양념 범벅이나 치즈 범벅이 된 음식이 아니라 이런 맛깔스러운 음식을 먹을 기회를 가졌으면 좋겠다.

하나의 메뉴로
승부하라

— 백운기

한국인들이 복날에 가장 많이 찾는 음식은 삼계탕이다. 삼복엔 삼계탕이 무슨 공식처럼 인식이 되어 해마다 복날이면 삼계탕 집은 인산인해를 이룬다. 1년 장사를 삼복에 다한다고 해도 과언이 아니니 복날에 삼계탕 집 가서 서비스를 기대해서는 안 될 것이다.

한 여름 정오, 작렬하는 태양 아래 땀을 뻘뻘 흘리면서도 아랑곳하지 않고 줄을 서서 기다린다. 나만 그런 건 아닐 것이다. 간혹 기다리는 것이 너무 수고스러울 때는 그런 생각을 하곤 했다. '우리는 왜 복날에 꼭 삼계탕을 먹어야만 하는가?'

그것은 설날에 떡국을 먹고, 동짓날에 팥죽을, 추석에 송편을 먹었던 경험이 우리 뼛속 깊이 흐르고 있기 때문이 아닐까. 한마디로 내 피가 복날이면 삼계탕을 부르는 것이다.

그런데 돌아보면 어릴 적엔 삼계탕이 아니라 닭백숙으로 복달임을 했다. 엄마는 커다란 스테인리스 쟁반에 하얀 속살을 곱게 드러내고 얌전히 누워 있는 닭백숙 한마리를 통째로 담아 내셨다. 가족이 쟁반 주위에 동그랗게 둘러앉아 닭백숙을 다 먹고 나면 닭을 삶아낸 육수에 찹쌀을 넣고 푹 끓인 닭죽이 나왔다.

닭죽을 한 그릇씩 먹고 나면 땀이 쭉 빠지면서 온 몸이 시원했다. 아, 그때는 그런 느낌을 잘 몰랐던 것도 같다. 복날 메뉴는 무조건 닭백숙이었는데 어느 날부터 삼계탕이 복달임의 최강자로 군림해 있었다.

서울에서 3대 삼계탕으로 꼽히는 집이 있다. 그런데 다른 집은 전기구이 닭도 있고 관련 음식도 종종 판매하는데 이 집은 삼계탕 하나뿐이다. 바로 들깨삼계탕으로 유명한 〈호수삼계탕〉이다.

고소하면서도 걸쭉한 들깨 국물에 영계 한마리가 퐁당 빠져 있다. 비위가 약해 삼계탕을 좋아하지 않는 여자들도 즐겨 먹는다. 나야 삼계탕이 오장육부의 어떤 비위를 건드리는지 잘 모르지만….

아버지와 아들 2대에 걸쳐 들깨삼계탕 메뉴 하나만으로 명소가 된 〈호수삼계탕〉의 위치는 유동 인구가 적은 신길동 주택단지다. 소위 목 좋은 곳이 식당의 절대 조건이 아니라는 것을 몸소 보여준 식당이다. 물론 이 식당이 나름대로 궤도에 오른 건 인터넷 문화가 생기면서부터다.

　음식을 찾아다니면서 먹고 사진도 찍어서 SNS에 올리고 주소만 있으면 쉽게 찾아올 수 있게 되면서 멀리서 찾아오는 손님이 기하급수적으로 늘었다.

　명물로 자리 잡은 많은 식당들은 오히려 '여기서 장사가 되겠어?' 하는 자리에서 시작했다.

많은 경험이 약이 되고 피가 된다

　좋을 호(好), 받을 수(受)란 명칭으로 개업한 〈호수삼계탕〉은 백운기 사장의 아버지인 故 백남웅 씨가 1990년 창업했다. 고향이 충청도인 아버지는 초등학교도 졸업을 못 했고 연탄 배달부터 파지 줍는 일까지 안 해본 일이 없었다. 삼계탕 집을 하기 직전에는 남대문시장에서 우동 장사를 했다. 운 좋게 일본 현지인에게 우동 만드는 법을 배웠는데 새벽시장에 이 우동 집을 찾는 사람들이 문전성시를 이뤘다고 한다.

　돈을 조금 번 후, 아이들을 위해서라도 안정적인 일이 필요하다고 느낀 백남웅 씨는 세를 들어 살던 집을 개조해 테이블 여덟 개로 가게를 시작했다. 낮에는 손님을 받고 밤에는 식구가 이불을 깔고 잤다. 지금도 본점 옆 분점 위층에 가족이 살고 있다.

　"처음엔 칼국수 장사를 했는데 어느 순간 아버지는 매일 삼계탕을 만들어 가족에게 먹였어요."

그때부터 백남웅 씨는 삼계탕 집을 준비하고 있었던 것이다. '남들과 똑같아서는 살아남을 수 없다. 남녀노소 다 좋아하는 게 뭘까?' 고민하던 아버지가 생각해낸건 곡물이었다. 들깨를 넣어 건강식 느낌을 살리면서 기름기도 없애고 땅콩가루로 고소함을 높여 한약재 맛을 없앴다. 그렇게 탄생한 것이 들깨삼계탕이다.

들깨란 아이디어가 하늘에서 뚝 떨어진 건 아니었다. 백남웅 씨가 남대문 새벽시장에서 우동 장사로 자리 잡기 전에 했던 수많은 일 가운데 방앗간도 있었다. 그래서 곡물에 대해, 들깨에 대해 잘 알고 있었던 것이다. 누구나 자신이 아는 세상 안에서 아이디어가 나오기 마련이다. 많은 경험이 결국엔 약이 되고 피가 될 것이다.

백남웅 씨는 최상의 들깨 비율을 찾아내기 위해 전국의 유명 삼계탕 집을 찾아다녔다.

"일주일 내내 삼계탕을 먹어야 하는 날도 있었어요. 비명 아닌 비명을 지를 때도 많았죠. (웃음)"

그런 노력 끝에 최상의 비율을 찾아냈던 것. 닭고기 특유의 냄새를 싫어하는 사람들도 부담 없이 먹을 수 있을 정도다.

여기서 잠깐! 〈호수삼계탕〉의 걸쭉한 들깨 국물을 만들기 위한 황금 비율을 공개한다. 들깨가루 5, 땅콩가루 2, 찹쌀가루 1의 비율로 섞어주고 물을 부어 끓인다. 그런데 닭이나 오리에 들깨가루를 넣으면 다 녹아버린다고 한다. 〈호수삼계탕〉처럼 걸쭉한 국물이 만들어지

지 않는다는 것이다. 여기에는 중요한 노하우가 숨어 있다. 황금 비율로 만들어진 걸쭉한 들깨 소스를 손님상으로 나가기 직전 삼계탕에 투하! 한마디로 닭과 함께 끓이는 것이 아니라는 얘기다.

〈호수삼계탕〉이 늘 승승장구했던 건 아니다. 특히 2001년 조류독감 파동이 났을 때는 지금도 잊을 수 없는 시련이었다. 하루 종일 파리만 날렸다. 서너 명이 일해도 한가할 정도였다. 당시 故 노무현 대통령 시절이었는데 대통령이 직접 삼계탕을 먹으면서 독려했지만 1년 이상 고전을 면치 못했다. 당시 소규모 양계장도 많이 없어졌고 수많은 삼계탕 집이 문을 닫았지만 곧 정상 궤도로 돌아올 거라는 믿음으로 버텼다. 그때도 백남웅 씨는 정직과 좋은 재료에 대한 고집을 버리지 않았다.

"그 시기를 극복하면서 더욱 성장한 것 같습니다."

나눔은 일생의 과업

백운기 사장은 군 제대 후 본격적으로 가게 일을 도왔으니 벌써 20년이 넘었다. 물론 어릴 때부터 가게 일을 도우며 자랐으니 〈호수삼계탕〉의 역사를 고스란히 기억하고 있다. 사장의 아들이었던 그는 얼마를 받고 일했을까?

"100만 원 받았습니다. (웃음) 그래도 아버지 밑에 있을 때가 좋았습니다. 마음이 든든했죠."

아버지 밑에 있을 때도 우리 가게라는 중책감은 있었다. 그러나 아버지가 떠나고 홀로 식당을 맡게 됐을 때의 중책감에 비하면 새털처럼 가벼운 것이었다.

처음 본 백운기 사장은 군대를 막 제대한 사람처럼 얼굴이 새까맸다. 여름 내 밖에서 주차 관리를 하고 있었기 때문이다. 물론 아침에 가장 먼저 출근해 가게 문을 열고 육수로 쓸 곡물 가루를 만들어놓는 것도 백운기 사장의 일이다.

전국에 2대째 이어온 삼계탕 집은 열 집이 안 된다. 또 전문 경영인을 내세우고 오너로 남아 있는 경우가 많다. 그런데 백운기 사장은 카운터를 지키지 않고 주차 관리를 한다. 대를 잇는 가게에는 이런 정신이 필요하다.

그에게 아버지는 어떤 분이셨을까?

"제가 세상에서 무서워하는 게 둘 있는데 하나는 아버지고 또 하나는 조류입니다."

아버지는 그렇다 치더라도 삼계탕 집 사장님이 조류를 무서워하다니 닭이 웃을 일이 아닌가. 백운기 사장은 유년시절 닭에게 무자비한 공격을 받은 이후 부리가 있는 동물만 보면 오금이 저리는 트리우마를 겪고 있다. 동물원에 가도 조류 쪽은 접근도 못할 정도고 공원마다 지천인 비둘기도 피해 다니는 형국이란다. 사실 이런 사람들이 많다. 나도 부리가 있는 조류가 무섭다. 비슷한 경험 때문인데 동감하는 사람들이 많을 것이다.

아버지를 무서워하는 자식들은 많다. 백남웅 씨도 자식에게 유독 엄했을까?

"특별히 엄하셨던 것보다 말수가 적었어요. 아버지는 무섭기도 하지만 가장 존경하는 분이기도 합니다."

잘못을 해도 질책도 하지 않을 정도로 말이 없으셨다. 분명히 내가 잘못한 것을 알고 계신데 아무 말씀이 없으니 더 오금이 저릴 수밖에. 그러나 아버지는 눈빛으로 말씀하셨을 터. 아들은 그 눈빛을 감지했을 것이다.

존경하지만 무서웠던 아버지. 대를 잇는 아들에게 생전에 어떤 말씀을 하셨을까?

"정직하라는 말을 입버릇처럼 하셨죠. 좋은 재료로 정성껏 음식을 만들면 당장은 아니더라도 언젠가 손님이 알아주기 마련이라고 하셨습니다. 그리고 돈을 쓸 때와 벌 때를 알아야 한다고 하셨죠."

10원짜리 하나라도 아낄 때는 아끼고 줘야 할 때는 아낌없이 주라는 것이 아버지의 말씀이셨다.

"번 돈이 다 내 손안에 있으면 내 가치는 그것밖에 안 되지만 그것을 나누면 돈의 가치도, 나의 가치도 올라간다고 하셨죠."

나눔은 백남웅 씨 일
생의 과업이기도 했다.
특히 배움에 뜻이 있어
도 경제적인 어려움 때
문에 학업에 매진하지
못하는 학생들을 안타

까워했다. 그래서 장학재단 설립을 꿈꾸곤 했다고 한다. 과거 당신이
그러했기 때문이리라. 백운기 사장의 꿈은 아버지가 생전에 이루지
못한 장학재단 설립을 이루는 것이다.

명물로 떠오른 식당의 사장들이 오랫동안 나눔을 실천하다 보면 주
변에서 구 의원 혹은 시 의원에 나가보라고 들쑤시기 일쑤다. 안성의
〈안일옥〉 사장도 시 의원을 하다가 〈안일옥〉을 위기에 빠트린 바 있
다. 故 백남웅 씨 역시 구 의원 제의를 여러 번 받았고 실제로 나가기
도 했지만 두 번이나 고배를 마셨다.

그리고 2010년 두 번째 구 의원 선거에서 고배를 마신 후, 그해 추
석에 돌아올 수 없는 먼 길을 떠났다. 향년 67세였다. 요즘으로 치면
너무 이른 나이지만 그는 오래전부터 간이 좋지 않았고 사유도 간암
이었다.

백남웅 씨는 가족에게조차 자신의 병을 숨기고 살았다. 그렇게 병
이 깊은 줄 알았다면 장사는 물론이고 구 의원 한다고 나서는 것을 손
놓고 보고 있지만은 않았을 것이다.

홀로 투병하면서 얼마나 외롭고 두려웠을까. 왜 그것을 혼자 견딘 것일까. 우리 시대 아버지는 그렇게 외로운 남자들이었나 보다. 백운기 사장 역시 아버지를 닮아 책임감으로 무장된 사람이다.

"제 좌우명은 나 외에 아무도 믿지 말라는 것입니다. 뭐든지 결정도 내가 하고 책임도 내가 집니다. 그러니 남을 탓할 이유도 없죠."

백운기 사장은 아버지처럼 외롭지 않기를 바란다.

펄펄 끓는 뚝배기는 유독 무겁다

단일 메뉴로 승부를 보자면 어쩔 수 없는 장단점이 있을 것이다. 음식이 빨리 나갈 수 있고 재료 준비도 한 가지 메뉴에 집중하다 보니 버리는 음식 재료가 적다는 장점이 있을 것이다.

실제로 〈호수삼계탕〉에 가면 3분이 채 되지 않아 삼계탕이 나온다. 미리 익힌 닭에 국물을 부어 내오는 것이다.

하지만 단체 손님을 받을 때는 애매한 점이 있는 게 손님들이 여러 메뉴를 놓고 먹고 싶어 할 텐데 그러지 못해 아쉬움이 많을 것이다.

단일 메뉴에 대한 단점을 보완하고자 추어탕도 해보고 쌈밥도 시도해봤다고 한다. 그런데 아무리 맛을 내도 삼계탕에 가려서 제대로 평가를 받지 못했다.

"손님들이 찾지도 않고 심지어 삼계탕 외에 다른 메뉴가 있는 걸 모르시더라고요. 메뉴판에도 있는데. (웃음)"

결국 삼계탕 단일 메뉴로 승부를 보기로 결정했다.

삼계탕처럼 뜨거운 음식을 먹으러 가면 주의할 점이 있다. 펄펄 끓는 뚝배기는 뜨겁고 무겁다. 손님이 몰리면 화상 사고도 잦은데 특히 여름철엔 옷이 얇아 크게 다칠 수 있으니 주의! 종업원이 음식을 내줄 때 가만히 앉아 있는 게 안전하다. 도와준답시고 피해주다가 동선이 겹쳐 사고가 나기 십상이다.

삼계탕은 이미 냉동 포장 제품으로도 익숙한 음식인데 가맹점을 내지 않는 이유는 뭘까?

"가맹점을 하면 당장 돈 좀 벌 수 있겠죠. 하지만 가맹점이라는 게 되는 가게도 있지만 안 되는 가게도 있기 마련인데 어려운 살림에 가맹점을 했다가 망하는 가게를 보면 엄두가 안 납니다."

모든 건 자기 탓이라고 유난히 책임감이 강한 그는 가맹점이 장사가 안 되면 자신의 책임이라는 죄책감에 시달릴 게 뻔하다. 그러니 앞으로도 가맹점은 생기기 어려울 것이다. 들깨삼계탕은 〈호수삼계탕〉으로 찾아가서 먹는 걸로!

다 퍼줘도 밑지는 장사 없다

'이렇게 장사해도 남나?'라는 의구심이 들 만큼 손님에게 퍼준다. 빚진 마음으로 돌아간 손님은 다른 손님을. 그 손님은 또 다른 손님을 몰고 온다.

유행타지 않는 메뉴가 정석

오랫동안 장사하려면 유행을 타지 않는 메뉴를 선택해야 한다. 반응이 느리고 성공의 속도는 더디겠지만 분위기를 타기 시작하면 성공의 열매를 맛볼 수 있다.

변화는 반 발자국만 투자는 아낌없이

장수하는 식당은 변화에 대해 신중을 기한다. 변화를 준다고 해도 손님이 느낄 수 없도록 아주 조금씩 서서히! 대신 질 좋은 식재료를 위해서는 아낌없이 투자한다.

내 인생은 없다

장사로 뼈가 굵은 사람들은 아이러니하게도 장사를 말린다. 그만큼 가시밭길이라는 이야기다. 자기 시간은 꿈꿀 수도 없고 취미생활은 언감생심이다. 하지만 운명으로 받아들이고 장사를 즐긴다면 이들을 닮아가게 될 것이다.

Chapter 3.

누가 뭐래도
장사는 내 운명

까다로운
강남 손님을 사로잡다

— 정행성

외국 음식 가운데 우리에게 가장 친근한 건 중국 음식이다. 하지만 가장 좋아하는 외국 음식을 꼽으라면 단연 초밥이 아닐까? 회를 즐기지 않는 사람도 초밥엔 열광하는 경우가 많다. 값이 비싸서 만만하게 먹을 수 없다는 것이 애석하지만. 그래서 더욱 갈증을 부르는 음식이기도 하다.

〈김수사〉는 강남에 현존하는 가장 오래된 일식집이다. 아버지 정행성 사장과 아들 정재윤 씨가 함께 운영하고 있다. 부자가 모두 오너셰프다. 아버지가 8년 전 위암 수술을 받은 후 오너로서 자리만 지키고 있고 셰프 자리는 아들에게 넘겨줬다.

2014년 3월 14일 정행성, 정재윤 부자를 처음 만났을 때 아들은 다리에 깁스를 하고 있었다.

"그냥 살짝 넘어졌는데 그날 일진이 안 좋았던지 뼈에 금이 갔어요."

서서 초밥을 말아야 하는데 다리를 다쳤으니 어쩌나. 그러나 정재윤 씨는 그 다리로 변함없는 일상을 보내고 있

었다. 처음에는 깁스도 하지 않으려고 했단다. 손님들 보기에도 그렇고 일하기도 불편해서다. 하지만 부러진 다리로 계속 움직이니 상태가 더 악화돼 어쩔 수 없이 했다는 그는 민머리였다. 유명 일식집에서 경험을 쌓고 2013년 〈김수사〉로 돌아온 그가 민머리로 조리대 앞에 선 이유는 마음가짐을 다잡기 위해서란다.

작은 디테일이 큰 흐름을 바꾼다

정행성 사장은 1967년이던 19세에 큰형님 지인의 소개로 일식집과 인연을 맺게 됐다. 어리고 경험도 없던 터라 잔심부름과 설거지를 도맡아했지만 워낙 성실하고 근면해서 군 제대 후에도 같은 일식집에서 일하게 됐다.

하지만 그는 군 제대 후 일식조리사가 아니라 5급 공무원이 되고 싶었다. 밤 10시에 가게 문을 닫고 새벽 2시까지 공부했지만 두 번이나

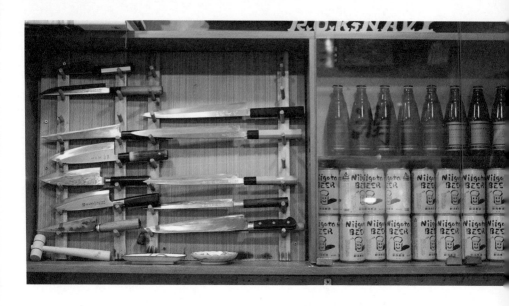

낙방했다. 그러고 나니 '이 길이 내 길이 아닌가보다'라고 느꼈고 그때부터 본격적으로 조리사의 길을 걷기 시작했다. 그것이 1972년이었다.

그런데 정씨 성을 가진 사장이 운영하는 가게가 왜 〈김수사〉일까? 정행성 사장이 하얏트 호텔에서 일식조리사로 일할 때 김씨 성을 가진 단골손님이 있었다고 한다. 그가 함께 일식집을 하자고 제안했던 것이다. 생각은 있었지만 당장 그만두고 나가긴 어려운 상황이라 일단 가게 오픈 준비를 함께했다. 그리고 1년 뒤에 합류했다. 그때 사장이 김씨였던 터라 가게 이름이 〈김수사〉였다.

장사가 잘되지는 않았다. 1년 뒤 김씨 성을 가진 사장에게 가게 인수를 제안 받았다. 인수 조건도 좋았고 장사가 시원치 않았지만 오너셰프라면 해볼만 하다고 생각했다. 그래서 제2금융권 대출을 받아 〈김수사〉를 정식으로 인수했다. 이자가 만만치 않은 대출이라 큰 부담을 안고 시작했지만 그만큼 절박하게 모든 걸 걸고 할 수 있었다.

그런데 정행성 사장이 가게를 인수하자마자 갑자기 장사가 잘됐다. 좋은 재료로 열심히 하는 가게는 많다. 그런데 안 되는 가게는 안 된다. 김씨 성을 가진 사장이 들으면 배 아플 일인데 도대체 무슨 일이 있었던 것일까?

지금이야 어떤 술집에 가도 소주를 마실 수 있지만 당시 일식집 메뉴에는 소주가 없었다. 비싼 일본 술과 양주뿐이었다. 그 공식을 깨고 일식집에 소주라는 파격적인 시도를 했다. 주전자에 담아서 내놓는 소주는 그야말로 인기 폭발이었다. 열광하지 않을 사람이 있었을까?

초밥집에 소주가 등장한 건 〈김수사〉가 처음이다. 소주 애호가는 물론이고 비싼 술에 메리트를 느끼지 못하는 사람도 열광했을 터. 얼마나 장사가 잘됐는지 오픈 당시 대출받은 5,000만 원을 6개월 만에 모두 갚았다.

와인과 위스키 반입이 무료로 허용되는 것도 이 집의 미덕이다. 다른 가게에서도 몇 만원이면 가능한 일이지만 그 몇 만원의 차이가 애주가에겐 두 배, 세 배 더 큰 행복을 안겨준다.

물론 〈김수사〉의 성공이 단지 소주 덕만은 아니다. 그것은 조족지혈에 불과하고 오너셰프로서 새 출발을 한 정행성 사장의 피땀 어린 노력과 정성이 음식 하나하나에, 식당 구석구석에 고스란히 배어들었을 것이다.

그는 새벽 네 시에 일어나 노량진시장에서 가장 물 좋은 생선을, 농수산시장에서 가장 신선한 야채를 골라 왔다. 두 군데 시장을 돌고 오면 오전 아홉 시 반. 재료를 썻고 다듬어놓으면 손님이 올 시간이다. 도저히 밥 먹을 시간이 없었고 허구한 날 우유 한 개와 빵 한 개가 점심식사였다. 앉아서 먹을 시간도 없었다. 그냥 서서 원샷! 그러면서 위장병이 깊어졌다. 다른 사람의 위장을 호강시키는 이가 정작 자신의 위장은 방치하고 홀대했던 것이다.

비단 이것은 그만의 일은 아니다. 식사시간에 일해야 하는 조리사의 위 건강이 가장 나쁘다는 통계가 있다. 또 초밥을 한 점 한 점 내어주면서 손님 눈치를 살펴야 하는 일식조리사의 스트레스가 상대적으로 극심하다고 한다.

초밥은 손님 반응을 살피면서 한 점 한 점 내는 게 특징이다. 어떤 고객이 뭘 좋아하는지, 뭘 싫어하는지 파악하는 것은 기본이고 입이 작은 손님에겐 작게 만들어 주고, 치아 교정을 했으면 부드러운 재료를 쓰며, 배불러하면 밥을 적게 넣는다고 한다.

이뿐 아니라 일본의 초밥조리사는 손님과의 대화, 상담까지 해주는 것으로도 유명하다. 정말 스트레스를 부르는 직업이다. 반면 손님의 만족도가 높으면 그만큼 성취도 역시 높을 수 있겠다.

아버지의 고단한 삶에 도움이 되고자

정행성 사장은 아들 셋을 뒀다. 막내아들 정재윤 씨는 형들과는 달리, 윤택한 유년기와 청소년기를 보냈다. 처음엔 가난했지만 아버지의 노력으로 차츰 생활이 나아졌기 때문이다.

"막내다 보니 하고 싶었던 일은 다 하고 살았어요. 공부는 안 했지만. (웃음)"

부모님이 장사하느라 늘 바빴고 아들 정재윤 씨는 놀러 다니기 바빴다. 그러던 어느 해 겨울, 20대 초반이었던 정재윤 씨는 그날도 새벽까지 술을 마시고 놀다가 들어오는 길이었다. 밤새 달린 피곤한 몸을 사우나로 풀어볼까 하던 차에 출근하는 아버지를 봤다. 그때가 새벽 네 시였다.

"친구들과 한참 놀고 사우나에 가는데 아버지는 출근하려고 집 앞 눈을 치우고 계셨어요. 추위도 많이 타는 분인데."

유독 추위에 약한 아버지가 가장 추운 그 시간에 일어나 눈까지 치우고 출근하는 모습을 보니 아들은 문득 아버지의 삶이 얼마나 고단한지를 느꼈다. 그리고 그날 저녁, 동상 걸린 발을 마늘 물에 담그고 계신 모습을 보고 고생하는 아버지를 도와드리고 싶다는 생각을 하게 된 것. 그것이 막내아들이 일식조리사가 된 계기였다.

"저는 형들보다 경제적으로 더 많은 걸 누리고 살았죠. 가장 혜택을 많이 받은 제가 아버지를 돕는 게 맞다 생각했습니다."

그런데 정작 아버지는 아들이 왜 일식조리사가 되고자 했는지 몰랐다고 한다. 인터뷰 도중 아들 얘기를 처음 들은 아버지는 무척 멋쩍어했다. 하긴 이런 대화를 아버지와 아들이 마주 앉아 하기엔 좀 오글거릴 수도 있겠다.

〈김수사〉에 가면 인상적인 사진이 한 장 있다. 아버지와 아들이 하얀색 일식조리사복을 입고 나란히 서서 찍은 사진이다. 두 사람은 약간 멋쩍게 웃고 있지만 따뜻하고 정겹다. 속 깊은 아버지와 아들의 애틋함이 고스란히 녹아 있는 사진이다.

막내아들이 일식조리사가 되겠다고 했을 때 정행성 사장은 내심 편치 않았다. 손에 물마를 날 없는 일식조리사의 삶이 얼마나 고단한지 누구보다 잘 알기에 다른 직업을 가졌으면 했다. 그러나 돌아보면 조리사란 직업이 나쁘지만은 않았고 자식 중 누군가 가게를 물려받았으면 하는 마음이 없던 것은 아닌 터라 지켜보기로 했다.

정재윤 씨가 세종호텔로 실습을 다닐 때 일이다. 새벽 다섯 시 이전에 일어나 첫 전철을 타야 제 시간에 맞춰 출근할 수 있었다. 막내아들이 그렇게 일찍 일어날 수 있을까 하는 걱정으로 하루 이틀은 깨우기도 했다. 하지만 그날 이후 지금까지 아들을 깨울 필요는 없었다.

막내아들은 스스로 일어났고 단 한 번도 지각하지 않았다. 자신이 그랬던 것처럼 누구보다 일찍 하루를 시작해야 하는 조리사의 기본 덕목은 근면 성실이라고 믿었던 정행성 사장은 아들을 보며 확신했

다. '저 놈은 됐구나!'

정재윤 씨 역시 아버
지의 가장 큰 장점으로
부지런함을 꼽는다.

"아버지에게 게으
름이란 없습니다. 1년
365일 같은 시간에 일어나셨죠. 지각도 없고 결석도 없습니다."

그런 아버지 밑에서 자란 아들이 어떻게 게으를 수 있겠나. 실제로
정재윤 씨는 누구보다 근면 성실하다. 아홉 명의 직원이 있지만 직접
가게 문을 열고 닫는다. 한마디로 가장 일찍 출근해서 맨 마지막에 퇴
근을 한다는 얘기다. 조리사도 여럿이지만 재료 손질을 꼭 같이 한다.

"그래야 그날 재료 상태를 체크할 수 있거든요."

이런 아들을 두고 아버지는 무슨 걱정이란 말인가?

정재윤 씨는 군 제대 후 스물세 살부터 일식 조리를 배웠지만 조리
사가 되자마자 아버지 가게에서 일했던 건 아니다. 규모가 크고 유명
한 일식 주방에서 경험을 쌓았다. 물론 준비가 되면 아버지 가게로 오
려고 했지만 그 시기는 예상보다 빨랐고 너무 갑작스러웠다. 아버지가
위암 수술을 받으신 것.

아버지에게 힘을 보태기 위해 가게로 들어왔지만 곧 한계를 느꼈
다. 〈김수사〉는 단골손님은 많았지만 상대적으로 젊은 사람의 발길은
뜸했다. 젊은 친구들이 열광하면서 블로그나 SNS를 도배하는 일식집

이 부럽기도 했고 궁금하기도 했다. 그 벽을 넘을 수 있어야 아버지 뒤를 이어 가게를 제대로 이끌 수 있을 것이다.

결국 유명 일식집 주방에서 1년간 일했고 지난 2013년 〈김수사〉로 돌아왔다. 다시 돌아와 조리대 앞에 선 정재윤 씨는 민머리였다. 또다시 시행착오를 겪을 수 없기에 마음가짐을 다잡기 위해서였다.

그런데 단골손님은 늘 아버지와 아들을 비교한다.

"아버지는 정말 대단했다면서 엄지손가락을 치켜세우면 은근 질투심도 일고 서운하기도 하더라고요. (웃음)"

물론 더 잘해야겠다는 자극도 받을 터. 조리대 앞에 서면 부모 자식 간이 아니라 조리사 대 조리사가 되기 때문이다.

변화하되 변하지 마라

정재윤 씨가 일식조리사가 됐을 때 아버지가 주신 첫 번째 선물은 회칼도 아니고 조리사 가운도 아니었다. 손톱깎이였다.

"조리사에게는 요리도 중요하지만 청결과 위생은 생명 같은 것이라고 생각해섭니다. 그 후 칼도 선물했어요. (웃음)"

그러나 아버지는 손톱깎이에 담긴 의미에 대해 언급한 적이 없다. 하지만 아들은 아버지의 뜻을 잘 헤아렸다. 이후 12년이 지난 지금도 아버지가 주신 손톱깎이는 장롱 속 귀중품 금고 안에 고이 간직되어 있다. 아내의 귀금속과 함께.
그리고 손톱을 깎을 때마다 아
버지의 교훈을 되새기곤 한다.

2대를 잇는 아들은 변화를
원했다. 다른 일식집처럼 인테
리어도 고급스럽게 바꾸고 싶
었다. 아버지는 투자에는 찬성
했다. 하지만 인테리어가 아니
라 손님에게 투자하자고 했다.

"음식을 먹은 손님이 돈 아
깝다고 느끼지는 않아야죠.
비싸서 돈 많이 벌면 나만 즐
겁죠. 장사라는 게 손님도 즐겁고 나도 즐거워야 되는 거 아니겠습
니까."

아버지는 아들이 변화를 시도하려고 할 때마다 '변화하되 변하지
말자'고 한다. 너무 앞서가면 손님에게 거부감이 생길 수 있으니 반
발자국만 앞서가라고 한다. 한 발자국도 빠르다고. 반 발자국만 앞서
가기에 젊은 아들의 피는 얼마나 뜨거운가.

그것을 알아서일까? 아버지는 늘 '서두르지 마라'고 충고한다. 뭐든
지 순리대로, 음식도 순리대로 만들라는 것이다.

초밥집에서 무엇보다 중요한 것은 신선하고 좋은 재료다. 특히 회

는 원재료가 중요하다. 그래서 아버지는 늘 생선은 제일 좋은 것으로 또 남보다 비싸게 사라고 당부한다. 비싸게 사야 좋은 물건을 받을 수 있기 때문이다. 남보다 싸게 사서 비싸게 파는 것이 장사의 재능이라고 생각하기 쉽지만 실상 장사를 잘하는 이들은 남보다 비싸게 사고 싸게 판다. 조선의 거상 임상옥도 말하지 않았던가. '장사는 이문을 남기는 것이 아니라 사람을 남기는 것'이라고.

〈김수사〉의 가장 큰 미덕은 일류 조리사가 질 좋은 재료로 만든 초밥을 착한 가격에 먹을 수 있다는 것이다. 정행성 사장이 〈김수사〉를 고급 일식집이 아니라 대중음식점으로 고집스럽게 지키고 있는 이유는 뭘까?

그는 전라남도 고흥 출신으로 빈농의 아들이다. 일식조리사로 일하던 1970년 고향 사람들은 누구 하나 초밥을 먹어보지 못했다. 초밥을 몰라서가 아니다. 좀 사는 사람이나 먹는 비싼 음식이었기 때문이다. 부모 형제도 마찬가지였다. 그래서 누구라도 오다가다 들어와 먹을 수 있는, 문턱 낮은 초밥집을 꾸리고 싶었던 것이다.

정재윤 씨에게 아버지는 롤 모델이다. 가장 닮고 싶은 사람이기도 하다. 최근 들어 아버지를 닮아가는 자신을 발견할 때가 있다. 사람마다 채취가 있는데 간혹 그것은 그 사람의 일과 관련된 냄새가 되기도 한다. 아주 어릴 때부터 아들에게 아버지의 채취는 생선 비린내였다.

"어느 순간 제 손에서 아버지의 채취라고 생각했던 그 냄새를 맡았습니다. 그때 아버지의 길을 가고 있구나 라고 느꼈죠."

정재윤 씨는 일식조리사로 일하면서 아버지를 더 많이 이해하게 됐다.

"힘들 때마다 더 어려운 환경에서 일해온 아버지를 생각합니다. 얼마나 힘들었을까 하고요. 그러면 한결 견디기 수월해집니다."

아들은 아버지의 장사 철학을 받들어 '변화하되 변하지 않기'로 했다. 하지만 그에게도 자신만의 장사 철학이 있다.

"누구나 들어와서 먹고 술 한잔할 수 있는 가계가 제 목표입니다. 이야기도 하고 술도 한잔하면서 손님과 친구 사이가 됐으면 좋겠어요."

친구네 가게에 가면 나를 알아봐주고 뭐라도 더 챙겨주고 편안하다. 그게 아들이 꿈꾸는 〈김수사〉다.

아들은 아버지가 은퇴하기 전에 꼭 해보고 싶은 일이 있다. 아버지와 나란히 서서 초밥을 만드는 것이다.

"단골손님들을 모시고 아버지가 생선을 뜨면 저는 초밥을 짓고 싶어요."

보통 대를 잇는 식당의 구조를 보면 1세대가 20~30년 고생해서 돈을 벌고 한 평, 두 평 넓혀 자리를 잡게 되면 2세대는 주방은 뒤로 하고 카운터나 지키는 경우가 적지 않다. 그런 가게는 오랜 노하우로 주인 없이도 운영되는 경우도 많다.

하지만 철학이 있는 식당 주인은 절대 가게를 비우지 않으며 주방을 장악하고 있다. 〈김수사〉는 틀림없이 그런 가게고 그 철학은 아버지에서 아들로 이어지고 있다.

너른 마당

묵묵히 인내하면
누군가는 알아준다

— 임순형

'돼지고기는 멀리하고 소고기는 있으면 먹고 오리고기는 찾아다니면서 먹어라'는 말이 있다. 일찍부터 오리고기가 몸에 좋다는 것을 깨달은 선조의 지혜가 담긴 말이다. 오리고기가 몸에 좋다는 것이야 다 아는 정설이지만 어디에 어떻게 좋은지는 여기서 논할 얘기는 아니니 통과. 다만, 오리가 대중화 된 건 그리 오래된 일이 아니다. 그래서인지 오리고기를 즐기지 못하거나 제대로 맛을 아는 사람이 그리 많지 않은 것 같다.

이미 오래전 오리고기로 식도락가들 사이에 화자 되던 식당이 있다. 바로 〈너른 마당〉이다. 그 전에는 오리백숙이나 소금구이가 전부였는데 1993년 〈너른 마당〉이 훈제오리를 밀전병에 싸서 먹는 통오리밀쌈을 선보였던 것이다.

불포화지방산 오리 기름은 좋은 기
름이지만 먹을 때는 느끼하다고 생각
하는 사람이 많다. 그런데 밀전병이
느끼함을 싹 잡아준다. 실제로 밀은
기름을 흡수한다.

훈제오리를 전병에 싸 먹는다는 점에서 북경오리와 비슷한 게 아닌
지 의문이 든다. 그런데 북경오리는 밀전병이 아니라 쌀전병에 싸서
먹는다. 〈너른 마당〉의 통오리밀쌈을 여기저기에서 흉내 내고 대기업
에서도 모방하면서 오리고기의 대중화가 가속화됐다는 것이다.

오래된 식당이고 식도락가 사이에서는 유명하지만 대중적으로 많
이 알려지지 않은 데는 지리적 문제가 한 몫 한다. 고양시 원당 어딘
가에 있다는 이 식당을 찾으려면 수고가 필요하다. 구형 내비게이션
은 잘 찾지 못할 수도 있다. 물어물어 찾아가보면 대궐 같은 한옥 세
채가 포부도 당당히 서 있다. 총 대지 규모 5,000평. 텃밭 1,000평에
연못 2,000평. 동네 공원보다 넓은 이곳은 그야말로 너른 마당이다.

꿩 대신 오리

옛날 옛적, 홀어머니를 모시고 살던 착한 농사꾼이 있었다. 벼농사

를 지으면서 꿩을 키워 팔아 생계를 유지했다. 그러던 어느 날, 꿩 판로가 막혀 집에서 먹던 방식으로 꿩을 구워 팔기 시작한 것이 〈너른마당〉의 시작이다. 30여 년 전, 1980년대 일이다.

요리 솜씨가 남달랐던 어머니(故 박길순 할머니)는 집에 손님이 오면 키우던 꿩을 잡아 직접 요리를 해서 접대하셨는데 다들 이 음식을 팔아보면 어떠냐고 입을 모았다. 어떤 요리였을까?

꿩을 양념장에 재워놨다가 참나무 숯불에 구워내는 방식이었고 갖은 양념에 참기름으로 마무리하는 어머니만의 양념 비법이 있었단다.

"꿩 구이 자체가 워낙에 맛이 좋습니다. 그래서 '꿩 구워 먹은 소식'이라는 말도 생긴 거라고 들었습니다."

꿩 구이가 얼마나 맛이 좋으면 '꿩 구워 먹었다는 얘기를 아무에게도 알리지 마라'며 입을 닫았단 말인가?

하여튼 간판도 없는 농사꾼 집에 소리 소문 없이 그저 아는 사람만 아름아름 찾아와 조용히 꿩 구이를 먹고 갔던 것이다.

이후 꿩 공급이 원활하지 않게 되면서 종목을 오리로 전향했다. 오리로 하면 꿩과 비슷할 거 같다는 게 어머니의 생각이었다니 요즘 태어나셨다면 실험적인 요리로 세상을 깜짝 놀라게 했을지도 모르겠다.

어머니는 "원래 오리는 건강한 사람들이 먹지 않았다. 아픈 사람들이 치료나 회복용으로 먹던 음식이었다"고 하시면서 오리고기를 보양식으로 내놓으셨다. 요리법은 꿩 구이와 같은 방식. '꿩 대신 닭'이 아니라 '꿩 대신 오리'였던 셈.

〈너른 마당〉만의 특징인 밀전병은 구절판을 응용한 것. 어머니는 밀전병이 느끼한 오리 기름을 흡수해줄 거라는 사실을 어떻게 알았을까? 아프리카 속담에 '한 명의 노인은  하나의 도서관'이라는 말이 있다던데 맞는 말이다.

독창적인 오리고기의 훈연법이 나오기까지 시행착오도 많았다. 꿩구이와 같은 방법으로 오리를 구웠는데 오리는 꿩과 달리 기름이 많아서 구울 때 연기가 너무 많이 났다. 그래서 생각한 것이 훈연이다. 훈연도 쉽지는 않았다. 소나무 한 개만 들어가도 고기가 시꺼매졌고 담뱃재가 조금만 들어가도 고기를 버려야 했다. 오랜 시행착오 끝에 지금의 통오리밀쌈이 탄생했다.

여기서 잠깐! 임순형 사장이 공개하는 〈너른 마당〉의 통오리 요리법을 보자. 먼저, 생 오리를 소금, 후추, 양파, 파, 마늘, 생강, 월계수잎으로 만든 양념장에 담가 24시간 숙성시킨다. 이른바 염지를 하는 것. 그리고 건져서 물을 쪽 뺀다. 물기가 있으면 훈연이 제대로 안 된다.

염지를 마친 오리는 참나무로 두 시간 훈연, 이후 한 시간 열을 가해 만들어지는 것이 〈너른 마당〉의 통오리구이다.

통오리밀쌈은 1993년부터 시작됐다. 처음부터 장사가 잘된 건 아

니다. 워낙 외진 곳이라 손님이 오지를 않았다. 많이 팔아야 하루에 한두 마리가 전부였다.

그러던 어느 날, 친구가 아는 지인을 모시고 오겠다고 하더니 연세 지긋한 어르신 한 분을 모시고 왔다. 평소 하던 대로 음식을 만들어 접대했는데 그 분이 바로《장군의 아들》을 집필하신 백파 홍성유 선생이었다. 며칠 후 〈너른 마당〉을 다시 찾은 백파 선생은 "시골에 두기엔 아까운 음식이다. 장안에 내놓을 필요가 있겠다"라고 했다.

그는 당시 〈주간조선〉에 '별미기행'이라는 코너에 글을 기고하고 있었다. 맛집 기행 같은 칼럼이었는데 영향력이 굉장했다고 한다. 그러나 임순형 사장은 백파 선생도 몰랐고 그 분이 쓰던 칼럼도 매스컴에 대한 인식도 없었다. 기사를 읽고 몰려오는 손님이 많을 거라는 말에 그저 하루에 오리구이 한두 마리를 팔았으니 열 마리쯤 준비하면 되나 했단다.

그런데 기적이 일어났다. 기사가 나가고 얼마 지나지 않은 어느 토요일 — 임순형 사장은 1993년 가을 어느 토요일로 기억한다 — 지인 결혼식에 다녀오는데 자동차가 동네 길목을 꽉 메우고 있었다. 백파 선생의 기사를 보고 몰려든 손님들이었다. 그때부터 주말이면 동네 교통이 마비될 정도로 손님이 꼬리에 꼬리를 물고 몰려들었다. 그날 이후 23년간 임순형 사장은 점심을 먹지 못했다고 한다.

초심을 잃지 마라는 가르침

백파 선생의 기고 한 편으로 임순형 사장은 인생이 바뀌었다. 은인도 그런 은인이 없을 것이다. 백파 선생은 이후에도 자주 찾아와 아무리 성공해도 '초심을 잃지 마라'는 조언을 해주셨다. 이것은 지금도 목숨처럼 붙잡고 사는 교훈이다.

백파 선생의 또 다른 가르침 가운데 하나는 '식당 하면서 절대 골프에 손대지 마라'였다. 돈이 생기고 여유가 생기면 다른 생각이 나기 마련인데 왜 콕 찍어서 골프일까? 골프는 한두 시간으로 끝나는 스포츠가 아니기 때문이다. 그만큼 가게를 비우는 시간이 길어질 수밖에 없다.

임순형 사장은 "주인이 있을 때와 주인이 없을 때 음식 맛은 25퍼센트가 빠졌다 들어갔다 합니다"라고 말한다.

소위 잘되는 식당 주인은 목숨처럼 가게를 지킨다. 늘 식당 안에서만 생활하는 게 답답하지 않을까?

"그걸 갇혀 있다고 생각하면 식당을 못합니다. 이게 내 삶이라고 생각하고 즐겨야죠. 아침에 출근해서 풀을 뽑고 재료를 선별하는 것 자체가 삶의 낙입니다."

'가게를 비우지 말자'는 철학과 함께 그는 '하루도 게을러지지 말자'는 교훈을 매일 가슴에 새기고 산다.

"주인이 게을러지면 직원은 더 게을러집니다."

게으른 사람이 장사에 성공했다는 말은 들어본 적이 없다. 그런 그에게도 장사가 힘들 때가 있다.

"예전에는 손님에게 야단맞고 하찮은 존재 취급받을 때가 제일 힘들었습니다. 너무 자존심이 상해 손님과 싸우기도 했고 그만두고 싶은 마음이 굴뚝같을 때도 있었죠. 하지만 이유가 뭐든 손님과 싸우는 건 현명하지 못한 행동입니다. 지금은 손님의 지적을 겸허하게 받아들이고 나에게 부족한 게 뭔가 생각합니다."

장사를 하다보면 시련이 닥치기 마련이다. 그것을 극복하면 강하게 성장할 수 있고 기쁨 또한 배가 된다.

무엇 하나 쉬운 것은 없다

임순형 사장의 첫 인상은 뭐랄까 포스가 남다르다. 연극인 손숙 씨는 스스럼없이 '조폭 같다'고 표현했다. 그만큼 인상이 격하게 강하다. 환갑이 넘은 나이에 색이 짙게 들어간 안경과 귀걸이까지 마다하지 않는다. 하지만 말하기 시작하면 부드러운 말투에 겸손이 몸에 배어 있다.

"손님이 식당을 찾으면 〈너른 마당〉, 오리고기 그리고 주인, 이렇게 각인을 시키고 싶었습니다."

그렇다면 성공이다. 그를 한번 보면 제대로 각인되니까. 유학파 셰프들도 자신을 드러내기 위해 비슷한 방법을 쓰기도 한다. 다른 요리사들은 다 하얀 제복을 입는데 혼자만 검은 제복을 입는다든지 해서.

임순형 사장은 10년 전부터 〈너른 마당〉의 백년대계를 설계했다. 평소 그는 기와를 올린 한옥에 넓은 뒷마당이 있는 식당을 꿈꿔왔다. 식당 옆에 연못이 있고, 연꽃이 가득한 연못에서는 물고기들이 헤엄치고, 논에는 우렁이와 미꾸라지가 풍성해 두루미가 날아들고… 그런 꿈을 꾸었다고 한다.

"하지만 그게 실현되는 날이 오리라고는 생각 못 했습니다. 그냥 하나씩 가꿔 나가다보니…."

〈너른 마당〉을 이전하려고 할 때 돈도 벌 만큼 벌었으니 이젠 그만하고 쉬라는 말을 주위에서 심심찮게 들었다. 하지만 어떤 말도 그의 결심을 흔들 수는 없었다.

물론 돈도 벌었다. 하지만 그 돈을 자식한테 그냥 물려주는 건 안 될 일이라고 생각했다.

"그건 자식도 버리고 돈도 버리는 일입니다."

그는 돈 대신 가업을 이어갈 수 있는 인프라를 구축해주기로 마음먹었다. 그래서 고양시 서삼릉 앞에 터를 잡고 한옥 대목장을 만나 함께 설계하고 만들어갔다. 아름다운 한옥 세 채는 그렇게 지어졌다.

식당이라고 하기엔 너무 광활하고 입이 떡 벌어질 만큼 멋들어지게 지어놓은 이곳에 임순형 사장은 얼마나 투자했을까?

"그동안 번 돈 다 투자했습니다. 아마 이 가게에서 수입을 내려면 180년쯤 걸릴 겁니다. (웃음)"

앞으로 180년, 6대로 이어질 가업을 꿈꾸면서 그는 〈너른 마당〉을 지었다.

백파 선생의 예견처럼 임순형 사장은 많은 나그네가 쉬었다 갈 큰 숲이 되었다. 식당 뒷마당 호수에서는 물고기가 헤엄치고 텃밭에서 직접 가꾼 농작물이 그대로 식탁 위에 올려졌다. 국내산 통밀을 직접 빻아 우리 밀 칼국수를 만든다. 이러다가 밀농사까지 지을 기세다. 무엇 하나 쉽게 만들어지는 것이 없다는 것을 낱낱이 볼 수 있다.

이 모든 게 손님에게는 축복일 수 있지만 주인으로서는 숨 막힐 일이다. 임순형 사장은 왜 이렇게 어려운 길을 가는 것일까?

"다른 식당과 똑같은 방법으로는 경쟁력이 없습니다. 사람들이 쉽게 따라하지 못하는 것, 손이 많이 가지만 나만의 특별한 조리법으로 요리하는 게 저만의 차별화죠. 그 길은 어렵지만 또 편안한 길이기도 합니다."

요즘 같은 시대, 이렇게 우직한 장사꾼을 본 적이 있는가?

그는 AI 같은 위기가 왔을 때도 다른 메뉴를 개발하지 않았다.

"주인의 조급함에서 나오는 것이죠. 세상 이치가 오르면 내려오고 내려오면 오르게 돼 있습니다."

그는 어떤 시련이 와도 '이 또한 지나가리라'라는 생각으로 버텨왔다. 장사하는 사람은 무엇보다 버티는 힘이 있어야 한다고 장안의 내놓으라 하는 장사꾼들은 입을 모은다.

될성부른 나무는 떡잎부터 다르다

〈너른 마당〉의 3대를 준비하는 임종덕 씨는 중학교 때부터 부모를 도와 가게 일을 시작했다. 식당이 너무 바빠져 조막손이라도 보태야 할 상황이었던 것. 주말마다 동네 골목이 막힐 지경이니 놀러 나간다는 건 생각할 수 없었고 나갔다가는 아버지의 불호령이 떨어졌다. 잔심부름부터 시작해 설거지, 청소 등 허드렛일은 물론이고 주차 안내까지 도맡아 했다. 〈너른 마당〉이 이전할 때는 포크 레인 기사 자격증을 따서 직접 연못을 팠다.

"이제 땅 파는 건 아이스크림 떠먹는 일처럼 잘합니다. (웃음)"

아들은 어릴 때부터 장사꾼 기질을 타고난 듯했다. 초등학교 저학년 때는 사슴벌레를 잡아다가 아이들에게 팔았는데 어느 날은 사슴벌레 집게 부분에 엄마 매니큐어를 칠하고 있길래 이유를 물어보니 그냥 팔면 1,000원인데 이렇게 하면 2,000원을 받는다고 했다. 그때 임순형 사장은 '아, 이놈이 장사 피가 있구나'라고 생각했단다. 역시 될성부른 나무는 떡잎부터 다른가보다.

임종덕 씨는 대학에서 식품가공을 전공했다. 오리구이 외에 새로운 메뉴 개발이 기대되는 이유다. 그의 네 살 된 딸은 가게가 집이고 놀이터다. 유독 손님이 없는 날이면 "오늘은 왜 이렇게 손님이 없지"라며 매상을 걱정한다니 〈너른 마당〉은 4대를 걱정하지 않아도 되겠다.

임순형 사장은 뚝심으로 장사하는 사람이다. 어떤 어려움 속에서도 한 발 한 발 흔들림 없이 전진했고 결국 6대를 이어나갈 꿈의 식당을 만들었다. 아름다운 한옥에 앉아 텃밭에서 가꾼 농작물 그대로를 먹은 후 연꽃 연못 주변을 산책할 수 있는 〈너른 마당〉은 그의 소망대로 많은 이들이 쉬었다 갈 수 있는 너른 쉼터가 되고 있다. 장사하고 싶다면 그리고 백년 가게를 만들고 싶다면 그처럼 해야 할 것이다.

양심에
어긋나지 않게

— 최요한 · 최요섭

우리 엄마는 두부를 별로 좋아하지 않는다. 그런 엄마가 즐겨하던 두부 요리는 마파두부나 두부두루치기 같은 음식이었다. 우리 집은 된장찌개에도, 김치찌개에도 두부가 빠진다.

반면 친할머니는 두부 요리를 자주하셨다. 밭에서 거둔 콩을 삶고 맷돌에 갈아 손두부를 만드셨는데 두부를 만드는 날 저녁 메뉴는 몽글몽글한 하얀 순두부였다. 두부는 그냥 먹어도 고소한 맛이 일품이었고 순두부는 양념만 살짝 쳐서 먹었는데, 먹어도 먹어도 질리지 않았다. 어린 내 입에도 동네 구멍가게에서 사 먹던 두부와는 차원이 달랐다. 너무 맛있었다.

할머니가 돌아가신 이후 아련하게 남아 있는 두부에 대한 추억을 떠올리게 해준 집이 〈백년옥〉이
다. ― 그 이전에 속초에 놀러갔
다가 초당 순두부를 먹어본 적
이 있다 ― 예술의전당 바로 앞
에 있는 〈백년옥〉은 말하지 않
아도 가게에서 직접 두부를 만
드는 집이란 걸 알 수 있다. 위치 때문인지 예술의전당에서 공연 좀
해봤다는 혹은 공연 좀 봤다는 예술인들 중 〈백년옥〉을 모르는 사람
은 없다.

〈백년옥〉 2대를 이은, 형 최요한 사장은 얘기한다.

"이상하게 손님이 많이 들어오는 날이 있습니다. 그런 날은 예술의
전당에 좋은 공연이 붙어 있죠. (웃음)"

예술의전당 앞에서 25년간 장사했지만 정작 그는 공연을 딱 한 번
본 게 전부란다. 1년 365일 자기 시간을 내기 힘든 게 음식 장사인 건
분명한가 보다.

맑은 바닷물인 청간수와 우리 콩을 사용해 옛날 방식 그대로 만든
순두부를 먹다보면 두부의 원래 맛을 깨닫게 된다. 빨갛게 양념한 순
두부와 차원이 다르다. 하얀 순두부는 심심하고 고소하다.

'대미필담(大味必淡)'이라는 표현이 있다. '맛있는 것은 반드시 담백
하다'는 뜻이다. 나는 이 말이 옳다고 생각한다.

불닭의 유래에 대해 들은 적이 있다. 먹으면 입에서 불이 뿜어져 나

올 것 같은 불닭은 질 낮은 수입 닭의 냄새를 가려보고자 창안된 양념법이라고 한다. 혀를 유혹하는 자극적인 맛에 가려져 원래 맛을 못 느끼게 하는 것이다. 붉닭의 불편한 진실을 알게 된 이후 나는 양념이 너무 자극적인 음식은 왠지 수상하게 느껴진다. 매운 것을 탐하는 사람들은 동의하지 않겠지만 말이다.

육식 위주의 식사를 하던 중세 서유럽 귀족들도 후추를 달고 살았다고 한다. 당시 고기는 냉장이 되지 않아 냄새가 많이 났기 때문이다. 후추의 매운맛이 냄새를 완화해준 것이다.

돌덩이 같던 아버지의 손

최요한, 최요섭 형제의 아버지 최평길 씨는 그릇 장사를 하다가 사업이 어려워지자 식당을 해보려고 전국 방방곳곳 맛집을 찾아다녔다. 그러던 중 설악산 아래 속초 학사평의 초당 순두부집을 방문하게 되었단다.

여러분이 알고 있는 속초의 그 유명한 하얀 순두부집이다. 당시 그 집 영감님이 뒷마당에서 장작을 패고 있었는데 그걸 돕다가 인연이 돼서 서너 달 그 집에서 두부 만드는 걸 배웠다고 한다.

그 기술을 서울로 갖고 올라와 1991년 지금의 본점 자리 2층에 두부 전문점을 열었다. 야외 파라솔까지 테이블 여덟 개가 전부인 작은 가게였다. 사람을 두고 할 만큼 여력이 없던 터라 3남 1녀 어린 자녀들은 자연스럽게 손을 보탰다.

어려운 상황에 시작한 식당이라 두부 만드는 기계는 언감생심 꿈도 꿀 수 없었다. 불린 콩을 맷돌로 갈아서 손으로 직접 짰기 때문에 최평길 부부의 손은 늘 퉁퉁 불어 있었다. 막내아들인 최요섭 사장은 미국에서 돌아와 아버지의 손을 3년 만에 잡게 됐을 때 깜짝 놀랐다고 한다.

"아버지 손이 정말 돌덩이 같았어요. 너무 딱딱해서."

주인 손은 혹사당했지만 손님들 입은 즐거웠을 것이다. 뭐든 기계보다 핸드메이드가 더 맛있는 법이니까.

80년대만 해도 많이 먹고 비싼 음식 먹는 게 자랑거리였다. 하지만 90년대 초 웰빙 바람이 불기 시작하면서 두부 전문점이었던 〈백년옥〉은 건강에 민감한 사람들 사이에 입소문이 돌았고 당시만 해도 서울 시내에 두부 전문점이 거의 없었던 터라 나름 주목을 받았다.

패션계의 거물 故 앙드레 김의 단골집으로 알려지면서 더욱 유명세를 탔다. 끼니때마다 줄서는 손님들로 1층 카센터는 영업이 힘들 정도였다. 더불어 부부가 콩을 손으로 직접 짜서 만들다 보니 나오는 순두부의 양에 한계가 있을 수밖에 없었다.

장사가 잘됐지만 먹고 살만해진 건 나중 일이었다. 가게가 너무 협소했던 이유다. 이후 카센터 자리였던 1층과 새로 문을 연 별관은 모두 본관 인근에 위치해 있다. 순두부 가게만 세 개고 팥칼국수와 팥죽을 먹을 수 있는 가게가 각각 하나씩 총 네 개의 가게가 옹기종기 모여 있다.

재밌는 건 같은 기계에서 같은 시간에 뽑아낸 순두부인데 손님들은 본관에서 먹을 때 더 맛있어한다. 끼니때랑 상관없이 본관이 유독 붐비는 이유다. 그래서 가게를 옮기거나 확장하면 사람들은 '음식 맛이 변했다'고 느끼는 모양이다.

팥칼국수와 팥죽은 전라도 목포와 진도가 고향인 최평길 부부가 고향에서 먹던 음식을 재현한 메뉴다. 팥칼국수가 지금은 익숙한 음식이지만 당시만 해도 서울에서는 찾아보기 힘든 메뉴였다. 역시 웰빙음식으로 각광받으면서 지금까지 사랑받고 있다.

서울에서 매생이 요리를 가장 먼저 선보인 곳도 〈백년옥〉이다. 어머니가 고향 지역에서 먹던 매생이 음식을 재현한 것인데 겨울 제철일 때 완도에서 대량으로 구매해 급랭시켜 1년 내내 사용한다. 한때 매생이 붐이 일어 한 덩이 800원 하던 게 3,500원까지 오른 적도 있었다. 유행에 흔들리지 않고 선택한 메뉴를 꾸준히 지켜나가는 것이 〈백년옥〉의 뚝심이기도 하다. 이제 매생이는 사계절 먹을 수 있는 음식이 됐지만 역시 겨울이 제철이다.

팥칼국수, 매생이전 같은 음식의 아이디어를 낸 어머니는 아이러니하게도 음식 솜씨는 없다고 한다. 최요섭 사장은 이렇게 말한다.

"어머니가 음식 세 가지만 해도 부엌이 난리가 나요. (웃음)"

원래 음식 못 하는 사람들이 그렇다. 어머니는 머릿속에서 요리를 하셨고 그것을 실현하는 건 아버지였다.

시련은 나의 힘

1980년대 중후반, 사업이 어려워지자 최평길 씨 부부는 미국으로 이민 갈 계획을 세우고 당시 중학교 3학년이던 최요한 사장을 누나와 함께 먼저 미국으로 보냈다. 부모도 없이 타국에서 적응하기 어린 나이였지만 응석 부릴 여력이 없었다. 갈수록 아버지 사업은 힘들어졌고 집안 살림은 더욱 더 기울어져 가는 상황이었다. 급기야 식구들이 뿔뿔이 흩어져 살아야 하는 지경에 이르자 어머니는 막내아들을 데리고 미국으로 들어왔고 한국엔 아버지와 큰아들만 남게 된 것.

집안 형편이 어려워지자 미국에 있던 최요한 사장은 열일곱 살 때부터 스스로 학비와 생활비를 벌어야 했다. 피자 배달부터 빌딩 청소, 막노동까지 안 해본 일이 없었다.

"가장 힘들었던 아르바이트는 열여덟 살 때 해군 배 밑바닥 페인트를 벗겨내는 일이었는데 정말 힘들었죠. 하지만 당시 임금이 시간당 11달러. 90년대 초라 한국은 아르바이트비가 시간당 800원 할 때였으니 제겐 큰돈이었죠. 세금도 안 떼고 현금으로 줘서 꽤 짭짤했습니다."

어린 아들이 막일을 하러 간다고 했을 때 어머니는 크게 반대했다. 일도 힘들거니와 기차를 타고 1박 2일, 먼 길을 가야 했기 때문이었다. 무슨 고집이었는지 최요한 사장은 편지를 써놓고 몰래 일을 하러 갔다.

아버지가 한국에서 두부 가게를 열게 되자 다른 가족은 모두 한국으로 돌아왔지만 최요한 사장만은 홀로 미국에 남았다. 오랜 고생 끝에 자리 잡은 시간이 아까워서였다. 그러나 가족이 모두 떠나고 홀로 있는 생활은 고통스러울 만큼 외롭고 힘들었다. 결국 1993년 최요한 사장도 한국행을 결심한다.

"미국 생활 6년은 고통스러운 나날이었죠. 하지만 지금 돌아보면 좋은 경험이었던 거 같아요."

그 고단했던 경험이 〈백년옥〉을 이끄는 최요한 사장에게 힘의 원천이 되고 있다. 이런 이야기를 모르는 사람들은 대를 이은 형제가 부모잘 만나서 대박 식당을 그냥 물려받았다고 쉽게 말한다. 창업 당시였던 때부터 가게 일을 함께했으니 그냥 받은 것도 아니지만 그렇게 받았다고 해서 쉽게 장사가 되는 건 아니다. 〈백년옥〉은 형제들이 이어받은 후 더 승승장구하고 있다.

"저희 집 음식은 특별할 게 없어요. 요리 방법도 인터넷 검색으로 충분히 알 수 있고요. 다만 양심을 가지고 건강한 식재료를 사용하는 게 비법이라면 비법이겠죠."

두부 요리의 주재료가 되는 콩은 강원도 양구, 철원 등지에서 수급받는다. 두부 만들 때 쓰는 간수는 강원도 속초까지 직접 차를 끌고 가서 떠 온다니 그 정성이 가히 놀랍다. 물론 쌀과 김치도 100퍼센트 국산이다.

"김치 겉절이에 들어가는 고춧가루, 새우젓도 우리 것을 사용합니다. 색깔이나 모양만 봐도 국산인지 수입산인지 알 수 있죠. 맛도 확실히 다르고요."

대를 이은 형제들은 아버지보다 더 깐깐하게 맛을 지켜가고 있다. 건강한 식재료만이 웰빙 음식을 만들 수 있다고 믿기 때문이다.

"저희 집 자랑이라면 처음부터 지금까지 국산 콩만 쓰고 있다는 겁니다."

국산 콩이 비싸다는 건 다들 알고 있다. 그런데 그 콩으로 만든 두부는 서민 음식이라는 인식이 강해서 가격 저항이 크다. 아무리 장사가 잘돼도 수익이 생각만큼 많지 않은 이유다.

"속 모르는 사람들은 떼돈 벌겠다고 하지만 실상은 다릅니다."

콩 가격이 올랐다고 섣불리 음식 값을 올릴 수 없는 게 두부 집들의 딜레마다. 음식 값은 1,000원, 2,000원에도 상당히 예민하기 때문이다.

그렇다면 왜 꼭 국산 콩이어야 할까? 도대체 어떤 차이가 있기에? 최요한 사장은 '고소한 맛'이 떨어진다고 했다.

"강원도 콩이랑 해남 콩도 맛의 차이가 납니다. 콩 맛이 두부 맛을 절대적으로 좌우하죠."

콩 작황이 좋지 않아 한 지루에 50만 원을 호가할 때도 있었지만 최상품의 콩을 포기하지 않았다. 그 고집이 25년, 2대를 이어올 수 있었던 〈백년옥〉의 가치다.

이 집의 곁들임 반찬도 〈백년옥〉을 사랑하는 이유 중 하나다. 조미료를 사용하지 않아 뒷맛이 깔끔하면서도 개운하다. 많이 삭히지 않은 김치와 소금으로 간을 한 콩나물 무침, 미역무침과 무생채 등 네 가지가 기본이다.

다 알겠지만 두부는 밭에서 나는 소고기라 불리는 콩이 원재료라서 건강에 좋다. 그런데 한 가지 문제가 있다. 두부만 먹으면 요오드가 빠져나가고 심하면 골다공증에 걸릴 수도 있다는 것이다. 그걸 막아주는 게 해조류다. 두부를 미역이나 다시마 같은 해조류와 함께 먹어야 하는 이유다.

두부 전문점을 내세운 식당들이 제대로 하는 집인지 아닌지 구분하려면 곁들임 반찬으로 해조류가 있는지 확인해보면 될 것이다. 그것은 곧 손님에 대한 배려이기도 하다.

음식 담는 그릇은 최대한 큰 걸 사용한다는 최요한 최요섭 형제는 손님이 맛있게 그리고 배부르게 먹고 갈 수 있도록 하는 것이 식당의 가장 중요한 의무라고 말한다. 그리고 형제가 불문율처럼 지키는 또 하나는 다른 식당과 가격 경쟁을 하지 않는 것이다.

"가격 경쟁을 하다보면 음식 질이 떨어지거나 양이 줄어들 수밖에 없습니다."

식당 주인에게 음식은 자존심이다. 세상에서 가장 부질없는 것이 자존심 싸움이고 그것은 결국 서로에게 돌이킬 수 없는 상처만 남기게 될 것이다.

내가 이 식당의 문턱이 닳도록 들락거리던 2000년 초중반에는 콩전이라는 메뉴가 있었다. 밀가루를 씌우지 않고 콩만 갈아서 노릇노릇 붙여낸 전이었다. 생전 처음 먹어보는 음식이었는데 아주 특별한 맛이라 지금도 생생하다. 그 메뉴가 사라진 건 참 아쉽다. 콩전을 메뉴에서 내린 이유에 대해서 물었다.

"손님들이 다 못 드시고 가는 경우가 태반이었고 먹다 남은 걸 싸갖고 가시면 상하는 경우가 많아서 늘 골치였습니다. 콩전을 메뉴에서 하차시킨 건 저희에게도 큰 결정이었습니다."

부모님이 가게에서 완전히 손을 떼고 형제가 〈백년옥〉의 주인이 된 건 2012년부터다. 연세 드신 부모님은 당신들이 그동안 하고 싶었던 일에 몰두하고 계시다. 아버지는 예전부터 서예와 한국화에 취미가 있었는데 〈백년옥〉의 멋들어진 메뉴판은 아버지의 솜씨란다. 어머니는 환갑이 넘어 대학을 졸업했다. 젊은 날 공부를 못 했던 것이 못내

한이셨다고 한다.

형제들이 식당의 새 주인으로서 더욱 더 견고하게 자리를 잡아주고 있으니 최평길 부부로서는 이보다 든든할 수 없을 것이다. 하지만 그들에게도 다른 꿈이 있지는 않았을까?

"이게 우리 가족의 유일한 생계였기 때문에 아무 불평 없이 너도나도 붙어서 일을 했던 거 같아요. 그랬던 것이 이제는 삶이 됐고 형제가 이어가야 할 가업이 된 거죠. 다른 생각은 안 해본 것 같습니다."

누구에게나 장사는 어렵다

아무리 고생하고 살았어도, 장사로 잔뼈가 굵은 형제에게도 장사는 여전히 힘들다. 특히 손님을 상대하는 일은 도 닦는 일이나 다름없다.

"사람들은 장소에 따라 태도가 변하는 것 같습니다. 비싼 음식점에 가면 군말 없이 줄서면서 두부 집에서는 조금만 기다려도 화내고 줄서지 않는 사람도 많거든요."

주차 직원에게 입에 담기 힘든 욕설을 퍼붓는 손님에게 화낸 경험을 떠올리면서 최요한 사장은 씁쓸해한다.

우리는 식당에 왜 가는가? 음식을 먹으러 간다. 물론 돈 내고 먹지만 식당에서 갑질하거나 나만 대접받겠다고 행패를 부리는 건 진상이다. 그런 진상은 다른 데 가서 부리자. 다른 데 어디? 음식 값은 정말 비싼데 맛없는 곳?

동생 최요섭 사장은 나이 많은 직원들 대하기가 가장 어려웠다고 한다. 그러나 어릴 때부터 유난히 당찼던 최요한 사장은 달랐다.

"어릴 때는 뭔가 잘못됐다 생각하면 바로 다 얘기했어요. 어리석었죠."

아무리 상대방이 잘못을 했어도 남들 앞에서 무안을 주거나 흥분한 상태에 있을 때 지적하면 소통이 안 되는 게 당연하다. 되레 반감만 사게 될 것이다. 그는 뒤늦게 이런 깨달음을 얻었다.

"아무리 가족 같은 사이라도 다른 사람 앞에서 무안을 주면 안 된다는 걸 알게 됐어요. 그래서 지금은 일이 다 끝나고 따로 부르거나 시간이 좀 지난 후 얘기를 합니다. 그럼 대화가 되더라고요."

〈백년옥〉은 간혹 불친절하다는 평가를 듣는다. 최요한 최요섭 형제도 그 사실을 모르지 않는다.

"그런 얘기를 하면 직원들은 억울하다고 호소하니 저희도 참 난감합니다. 다행히 불친절하지만 맛은 좋다는 평가에서 위로를 받습니다."

그것이 잘나가는 식당에 대한 시기질투라면 다행이지만 만약 사실이라면 긴장해야 할 것이다. 불친절을 감수하면서까지 계속해서 올 손님은 없으니까. 이제 두부 전문점은 차고 넘치니까. 맛은 부족해도 서비스 좋은 곳을 택할 가능성도 높으니까.

불친절한 주인은 없다. 직원이 주인처럼 친절하기도 쉽지 않다. 직원이 주인의 마음을 반만 닮으면 성공이다. 주인의 마음을 담아야 하는 것은 비단 음식만이 아니다. 식당은 그래서 어렵다. 장사하는 데 있어 가장 어려운 것이 직원 관리라고 입을 모으는 데는 다 그만한 이유가 있는 것이다.

빈대떡

순희네 빈대떡

뚝심 있게
밀고 나가라

— 추정애

나는 예나 지금이나 빈대떡 하면 이 노래가 떠오른다.

'돈 없으면 집에 가서 빈대떡이나 부쳐 먹지. 한 푼 없는 건달이 요리집이 무어냐 기생집이 무어냐.' — '빈대떡 신사' 中

옛날에는 개떡처럼 빈대떡 역시 업신여김을 받았던 모양이다. 그도 그럴 것이 원래 빈대떡은 기름에 부친 고기를 제사상이나 교자상에 올려놓을 때 밑받침용으로 쓴 음식이었다고 한다. 고기에서 배어나오는 기름이 스미면서 꽤 먹음직했을 것이다. 그 후 가난한 사람을 위한 먹음직스러운 요리가 되어 '빈자(貧者)떡'이라 불렸다는 설이다.

과거지사야 어찌됐건 지금은 빈대떡을 업신여기면 애주가들이 가만있지 않을 것이다. 비라도 부슬부슬 내리는 날이면 애주가들 머릿속에는 애인이나 마누라보다 빈대떡에
막걸리 한 잔을 더 사랑할 테니까.

두말 할 필요 없이 빈대떡은 비 오는
날의 별미다. 실제로 빈대떡은 어떤 날
가장 잘 팔릴까? 대한민국에서 하루에
빈대떡을 가장 많이 부치는 〈순희네 빈
대떡〉의 추정림 씨는 이렇게 말한다.

"봄에, 비 내리는 날 가장 잘 팔려요. 가을에 비 내리는 날과는 비교
도 안 되죠."

그러고 보면 포근한 봄비가 소곤소곤 내리는 날, 우리는 빈대떡을
가장 먼저 떠올리는 것 같다. 빈대떡 하면 생각나는 집은 어디인가?

나는 광장시장의 대표 브랜드로 자리 잡은 〈순희네 빈대떡〉이 떠오
른다. 시장에서 시작해 백화점까지 진출한 음식은 많지 않다. 그것도
빈대떡 하나로! 그게 바로 〈순희네 빈대떡〉이다.

젊어 고생하면
늙어 골병들어도

출연 섭외 차 전화했을 때 창업주인 추정애 사장은 나올 수 없다고
했다. 아파서 치료를 받는 중이었던 것이다. 성한 관절이 없는 것은
평생을 서서 빈대떡을 붙인 대가일 것이다. 그래서 더더욱 그를 만나

고 싶었다.

〈순희네 빈대떡〉은 유명세만큼이나 언론 노출도 많은데다 문턱이 낮은 가게라 사장님 얼굴을 안다는 사람이 많았다. 하지만 텔레비전에 자주 모습을 보이는 웃는 얼굴에서 정감이 넘쳐나는 그는 추정애 사장이 아니다. 동생 추정림 씨다.

추정림 씨는 얼굴도 안 보고 데려간다는 셋째 딸이다. 시골로 시집 간 후 평생 애들만 키우다가 큰언니의 부름을 받고 광장시장으로 소환당한 지 어느새 10년이 훌쩍 넘었다. 그는 전라도 사투리가 맛깔스럽고 웃는 얼굴이 친숙해 누구라도 농을 건네고 싶은 예쁜 아즈매다.

방송 출연을 고사하던 추정애 사장은 끈질긴 청에 결국 동생 추정림 씨와 함께 나오기로 했다. CBS 3층 로비에서 처음 만났을 때 추정애 사장의 얼굴은 붓고 까칠했다. 한눈에도 '어디 아픈 사람이구나'라고 느껴졌다. 비단 지금 아파서 그런 것만은 아닌 게 그것은 오랜 육체노동으로 고생한 사람 특유의 붓기였다. 성한 관절이 없다더니 정말 걸음걸이가 편치 않아 보였다.

"빈대떡 장사를 시작하면서 의자도 없이 서서 일했어요. 관절 하나 성한 데가 없는 거 같아요. 비가 오려고 하면 관절부터 신호가 오네요."

옛날 어르신들이 날이 흐리면 관절을 주물거리면서 "아이고, 비가 오려나" 했던 의미를 알게 됐다는 그를 보니 '젊어 고생하면 늙어서 골병든다'라는 말이 맞는 것 같았다. 장사하면서 얻은 관절병은 돈으로도 완치가 어렵고 그저 살살 다루는 방법밖에 없다.

더불어 노점 장사라는 게 얼마나 환경이 열악한가. 하루 종일 불 앞에 서 있어야 하는 여름에는 지옥불이 따로 없고 겨울에는 칼바람이 발끝부터 마비시키는 고된 삶이었을 것이다. 그 고된 세월을 두 다리로 버티면서 자리를 잡은 추정애 사장은 동생들을 광장시장으로 불러들였고 빈대떡으로 의기투합했다. 갈수록 장사는 잘되고 〈순희네 빈대떡〉은 승승장구했지만 노점에 서서 고생한 그의 몸은 이미 부서져가고 있었다.

저렴하게, 푸짐하게, 배부르게

〈순희네 빈대떡〉의 역사는 1992년 종로 4가에 위치한 광장시장의 작은 매대에서 시작됐다. 광장시장에서 나물을 팔던 친척 언니가 추정애 사장에게 소개한 자리였다.

그것도 권리금 3,500만원이나 주고 샀다고 한다. 그는 이전에도 안 해본 장사가 없을 정도로 이 장사 저 상자를 해서 생계를 꾸렸다.

손맛이 좋았던 그는 장아찌를 비롯해 이것저것 팔아봤지만 늘 파리만 날렸다. 그러던 어느 날 옆집에서 가져온 빈대떡을 맛있게 먹는 딸을 봤다. 고향 전라도에서는 녹두 요리가 흔치 않아 빈대떡이 생소했는데 어린 딸은 거부감 없이 잘 먹었다.

"저렴하게 푸짐하게 배불리 먹을 수 있는 음식이었어요. 바로 이거다 싶었죠."

당시 광장시장은 주머니가 가벼운 어르신이 주 고객이었던 터라 저렴하게 푸짐하게 배불리 먹을 수 있는 음식이 제격이라고 생각했던 것. 추정애 사장의 말투는 느리고 어눌했지만 한 마디 한 마디에 힘이 있었고 허투루 들을 말이 한 마디도 없었다.

〈순희네 빈대떡〉 하면 주인이 순희던지, 딸이 순희던지, 그도 아니면 키우는 강아지 이름이 순희일 것이란 생각이 들기 마련이다. 다들 그렇게 생각하는지 많은 손님들이 추정애 사장을 순희라고 부른다. 하지만 그 누구도 순희란 이름을 쓰는 사람은 없다. 그냥 빈대떡과 잘 어울리는 토속적인 이름을 찾다가 '순희'로 지었다는 것이다. 막걸리와 빈대떡처럼 순희와 빈대떡은 이름도 얼마나 찰떡궁합인가.

손맛이 남달랐던 추정애 사장도 녹두라는 재료가 익숙하지 않아 처음에는 난관이 많았다. 맷돌을 다루는 것부터 쉽지 않아 맷돌 다섯 개를 버리고서야 원했던 굵기로 녹두를 갈 수 있었다. 당시만 해도 사람들이 빈대떡을 잘 몰랐기 때문에 처음 3~4년은 고전을 면치 못했다.

하지만 한 자리에서 묵묵히 장사하다 보니 광장시장에 가면 크고 맛있는 빈대떡이 있다는 입소문이 나면서 손님이 하나둘 찾아오기 시작했다. 유독 손이 큰 그는 크고 맛있는 빈대떡에 아기 주먹만 한 고기완자까지 덤으로 올려줬다. 안 가봤으면 몰라도 한번 가본 손님이라면 이 집을 다시 안가고 견딜 수 있을까?

추정애 사장은 왜 굳이 서서 일했을까? 의자가 "제가 앉아 있으면 손님이 그냥 지나칠까 봐 그랬죠."

당신에겐 그만큼의 열정이 있는가? 그렇다면 창업해라. 그 열정이 당신을 제2의 순희로 만들어줄 것이다.

맏언니의 뚝심

손님은 손님을 몰고 왔고 그 손님은 또 다른 손님을 데리고 왔다. 어느새 빈대떡을 먹으려는 손님들로 시장 입구까지 줄이 길게 늘어섰다. 지금은 모터가 달린 맷돌 세 대가 하루 종일 쉼 없이 돌아간다. 믹서로 간 녹두 반죽은 찰기가 덜해 찹쌀을 넣어야 하는데 그러면 특유의 부드러운 식감이 사라진다고…. 그런데 맷돌에 모터를 처음 단 사람은 누굴까? 그 사람이 〈순희네 빈대떡〉의 인건비를 확 줄여준 일등공신이다.

손님이 꼬리에 꼬리를 물고 찾아오니 저러다 〈순희네 빈대떡〉이 광장시장을 사겠다는 말까지 나돌았다.

(추정림 씨) "그런 소리를 들을 때마다 기다리라고 합니다. 광장시장을 사면 가게 하나씩 거저 내어줄 것이니 기다리라고 말이죠. (웃음)"

말만 들어도 좋은지 입가에 배시시 미소를 지으면서도 그럴 가능성은 0퍼센트라고 동생 추정림 씨는 장담한다.

"가격은 분식집인데 재료는 최고급 한정식집이니 남는 게 있어야 말이죠. 생각보다 남는 게 없어요. 그야말로 박리다매예요."

빈대떡이 워낙 크고 실하다 보니 세 사람이 와도 4,000원짜리 한 장, 네 사람이 와도 4,000원짜리 한 장을 주문한다. 거기에 술 두세 병을 비워도 한 상에 1만 5,000원을 넘기 힘들다. 좋은 재료로 만든 맛있는 빈대떡을 배불리 먹고 술을 거나하게 마셔도 주머니 걱정을 안 해도 되니 손님은 행복하다. 그 손님이 다른 손님을 또 몰고 오는 게 당연하다.

물가는 천정부지로 오르고 큰언니 고집에 가격은 못 올리고…. 그래서 동생은 언니 몰래 조금 싼 식자재를 구입한 적이 있었다.

"에휴, 가던 날이 장날이라고 하필 그날 언니가 가게에 나왔지 뭐예요. 얼마나 혼이 났는지."

"그렇게 장사하려면 장사할 생각하지 마라"는 큰언니 호통에 추정림 씨는 절대 딴 생각을 안 했다고 한다. 아니 하고 싶어도 못할 것이다.

말수가 적고 어눌하지만 추정애 사장은 말 한마디로 다섯 남매를 평정하는 카리스마가 있었다. 어떤 회유와 유혹에도 흔들리지 않는 맏언니의 고집, 그것이 〈순희네 빈대떡〉을 한결같이 이끌어왔던 힘이다.

그러나 〈순희네 빈대떡〉은 처음보다 사이즈가 작아졌다. 동생의 고육지책이었다.

"제가 크기를 좀 줄였습니다. 17년 전이랑 지금이랑 물가는 수십 배 올랐는데 가격은 그대로니 버틸 재간이 있나요. 언니가 가격은 절대 못 올린다고 고집을 부리니 어쩌겠어요. 사이즈라도 줄여야죠."

지금도 다른 빈대떡집에 비하면 월등히 크다. 피자 미디움 사이즈에 두께도 두툼하다. 하지만 더 이상은 줄일 수도 없다. 추정애 사장이 "장사는 무조건 퍼줘야 한다. 그게 아까우면 장사 못 한다"는 말을 달고 살기 때문이다.

빈대떡에서 녹두만큼이나 중요한 게 김치다. 신기한 건 김치를 넣지 않고 녹두만 갈아두면 한 시간만 지나도 상하는데 김치를 넣으면 하루 이틀은 거뜬하단다. 김치가 천연방부제 역할을 한다는 얘기다. 일본에서는 도시락에 우메보시(매실장아찌)를 하나 넣어놓으면 하루 종일 상하지 않는다는 말이 있는데 그와 비슷한 예일 것이다.

김치는 1년에 두 번, 총 4만 포기를 담근다. 김치에 들이는 정성도 남다를 수밖에 없다. 김치는 전라도 장성에서 추정애 사장의 남동생이 전담해서 관리한다. 1년에 두 번, 담근 김치를 보관하는 냉장창고를 따로 두고 있을 정도다.

솜씨가 남다른 추정애 사장의 김치는 맛도 유난히 좋아서 김치 장사를 해보라는 권유도 많이 받았다. 빈대떡으로는 큰돈이 안 되니 동생들도 그러자고 거들었지만 추정애 사장은 "두 가지 일은 할 수 없다"는 뜻을 분명히 했다.

그가 '하나에만 집중해야 된다'고 고집하는 데는 그럴만한 이유가 있다. 과거에 누군가 가맹점을 간절히 원해서 내준 경험이 있었다. 기술 전수 가맹점이었다. 그런데 6개월도 안 돼 그 집 맷돌이 광장시장의 다른 빈대떡 집에서 돌아가고 있었다.

"너무 속상했어요. 빈대떡 하나로는 절대 승부를 볼 수 없다고 판단했죠. 그건 다른 사람을 망하게 하는 길입니다." 일명 대박집은 1년에도 수십 개가 탄생한다. 그런데 잘되던 식당이 기울기 시작할 때는 보통 주인이 딴 짓을 할 때라고 한다. 돈 벌 생각에 가맹점 사업에 뛰어들던지 돈 좀 벌었으니 살살 살겠다면서 공이나 치러 다니던지. 그러다가 2~3년이 지나면 대박집의 이름은 세상에서 잊혀진다.

생각해보니 한때 우리를 열광시킨 그 많던 식당은 다 어디로 갔나?

가게를 도맡아하는 동생들이 있으니 이제 그만 쉬어도 좋지 않겠냐는 질문에 추정애 사장의 대답은 단호했다.

"물건은 제가 사야 돼요."

다 믿어도 물건 구입하는 일은 아직 믿기 어려운 걸까? 아픈 몸으로 식자재 구입은 직접 하는데 특히 녹두에 관해서는 추정애 사장의 고집이 남다르다고 한다.

일하는 사람은 잘 먹어야 한다

〈순희네 빈대떡〉의 직원은 15명가량, 바쁠 때는 20여 명 정도다. 가게에서 하루 두 끼 식사를 해결하는데 직원들 밥 먹는 주방과 요리사가 따로 있다.

추정림 씨는 말한다.

"우리 집이나 언니네 집에 가면 먹을 게 없어도 직원들 밥 먹는 데 가면 반찬이 너무 좋아요. 다른 형제들도 가끔 밥 먹고 가는데 이 밥이 너무 생각난다고 할 정도죠."

간혹 끼니때를 지나 식당에 가보면 직원들이 식사하고 있을 때가 있는데 직원 식사 메뉴만 봐도 그 집이 잘되는 집인지 아닌지 알 수 있다. 잘되는 집은 직원 식탁이 풍성하다. 빈곤한 식탁에서 좋은 일꾼이 나오기 어렵다. 추정애 사장은 이렇게 말한다.

"일단 잘 먹여야 힘내서 일할 수 있죠. 일은 직원들이 하는 거잖아요."

또 주인이 직원과 밥을 따로 먹는 순간부터 벽이 생긴다. 현명한 주인은 반드시 직원과 겸상을 한다.

누가 싼 게 비지떡이라고 했던가? 〈순희네 빈대떡〉은 그런 편견을 과감히 깨준 유쾌한 집이다. 그렇게 맛있고, 양 많고 값싼 음식을 최선이 아니라 최고의 재료로 만들어낸다.

주인은 돈 통을 가득 채울 수 없겠지만 손님과 나눌 수 있다. 오래도록 사랑받는 음식 명가로 이름을 올리게 되는 것은 인생의 보너스다.

안성또순이

음식은 인격이다

― 최점례

내 소울푸드 중 하나는 동태찌개다. 탕은 어쩐지 고급스러운 느낌이라 그냥 어릴 적 부르던 이름으로 동태찌개라고 하겠다. 찬바람이 불기 시작하면 우리 집 밥상에는 어김없이 동태찌개가 올라왔다.

듬성듬성 썰어 넣은 무가 얼마나 많은지, 이건 뭐 동태찌개인지 무찌개인지 알 수가 없었다. 툭 튀어나온 동태눈은 각각 동생과 내 차지였다. ― 지금은 동태눈을 먹지 않는다. 머리가 굵어지고 천지분간을 하면서부터 눈알을 먹는다는 것이 왠지 좀 그렇다 ― 어릴 땐 누구나 그렇듯이 물에 빠진 생선보다 기름을 두르고 노릇하게 구워낸 생선을 더 좋아해 밥상에 동태찌개가 올라오는 날이면 "우리도 갈치구이 좀 해 먹자고요!"라며 투정하기 일쑤였다.

갈치를 유난히 좋아했던 나에게 엄
마는 '갈치 장사한테 시집 보내겠다'라
고 으름장을 놨는데 어린 마음에 '갈치
장사한테 시집가면 맛있는 갈치구이를
매일 먹을 수 있으니 얼마나 좋을까'
싶어서 당시 내 마음속 신랑의 직업은
갈치 장사였다.

그런데 스무 살 이후 객지 생활을 하면서 파블로프의 개처럼 찬바
람이 불었다 하면 동태찌개가 떠오르는 것이다. 동태찌개를 찾아다니
기도 했는데 서울은 동태탕보다 생태탕이 더 대중화되어 있었다.

음식에도 계급이 있다면 동태탕보다 생태탕이 윗분이신데 그 이유
야 말할 필요도 없다. 어떻게 날생선과 언생선을 비교하겠는가? 그런
데 나는 동태탕이 더 좋다. 살이 더 탱글하고 국물 맛 또한 생태탕 못
지않게 시원하고 얼큰하다. 내 혀가 모자라서 그런 것일까?

서울에서 직장생활을 한 중년 이상 남성이라면 〈안성또순이〉를 모
르지 않을 것이다. 서울에서 가장 오래된 생태 전문점이자 생태탕의
대명사가 된 집이다.

그런데 안성이 바닷가도 아니고 생태찌개로 유명한 것도 아닌데 왜
〈안성또순이〉일까?

창업자 최점례 사장의 남편이 안성 사람이었다고 한다. 나이가 들
어 군에 입대한 남편이 일찍 세상을 떠나 자식도 아버지에 대한 기억

이 거의 없을 것이고 할아버지 얼굴을 모르는 손자들에게도 뿌리가 안성이라는 사실을 심어주고자 안성을 붙였다고 한다.

뭐라도 해볼 심정으로 시작했더니

우리의 할머니 혹은 어머니가 식당을 운영하신다면 역사가 거의 비슷하다. 남편이 먼저 세상을 떠나고 자식들 데리고 먹고 살 길이 막막해서다. 그나마 식당이라도 한 사람은 손맛이 좋고 나름 화통한 성격에 진취적인 사람들이다.

부부가 함께 식당을 했다면 대부분 바깥양반은 한량인 경우가 많고 안주인이 장사하고 살림하면서 억척스럽게 살아왔다. 대한민국을 대표하는 음식 그 음식의 대명사가 된 식당들을 인터뷰해온 결과다.

〈안성또순이〉의 시작 역시 최점례 사장의 남편이 일찍 세상을 떠나서였다. 어린 자식 셋과 덩그러니 세상에 남게 된 그는 안성에서 생태를 담은 대야를 머리에 이고 다니면서 팔았다. 하루 종일 무거운 대야를 머리에 이고 다녔으니 목뼈가 얼마나 부러지게 아팠을까.

하지만 그 시절 홀어머니들이 그랬듯이 죽기 아니면 까무러치기로 생업 전선에 뛰어들어 아플 겨를도 없었을 것이다. 여자 혼자 몸으로 자식을 먹여 살린다는 게 그만큼 힘든 시절이었으니까.

외딴 산꼭대기 집에서 하루 종일 자기들끼리 지내야 했던 아이들도

고생이기는 마찬가지였다. 아무리 발버둥을 치면서 살아도 그날이 그
날이었다.

그런 최점례 사장에게 서울에 사는 친척이 차라리 서울로 오라고
권했다. 뭘 하든 그 정도 노력이면 서울에선 먹고는 산다는 말에 아이
들을 데리고 상경해 처음 한 것이 국수 장사였다.

을지로 인쇄소 골목에 살던 한 지인이 집 추녀 밑을 내줄테니 뭐라
도 해보라고 해서 시작했던 것. 추녀 밑을 주방 삼아 길거리에 탁자
두 개 두고 비빔국수를 팔았다. 상하수도 시설이 없었으니 아침이면
그날 쓸 물을 퍼 나르는 게 일과였다.

"혼자서 그걸 다 하다 보니 나도 모르는 사이에 팔이 빠졌는데 그
때는 병원 갈 엄두도 안 나서 부러진 팔을 동여맨 채 한 손으로 물을
길러오고 김치 담고 국수 삶고 다 했어."

비록 노점이었지만 섣부르게 장사하지는 않았다. 국수 하나도 어떻
게 하면 맛있을까 고심하다가 날콩가루를 넣어서 국수 공장에 주문
하기도 했고 곁들임 찬으로 하루나김치 — 하루나김치는 담아서 하루
만에 먹는다고 해서 붙여진 이름 — 를 매일 담갔다.

"하루나김치를 담가서 하룻밤 얼음이랑 같이 해놓으면 다음날 맛
이 기가 막혀요. 냉장고에 넣어갖곤 그 맛이 안 나요."

하루나김치를 곁들인 비빔국수를 먹으려고 한여름 땡볕 아래서도
양복을 빼입은 손님들이 땀을 뻘뻘 흘리면서 줄을 섰다.

그 시절 최점례 사장은 욕쟁이로 통했다. 누구든 주는 대로 조용히

먹고 가야 했다. 사리 더 달라 또는 김치 더 달라고 주문했다가는 국수는 고사하고 주인장에게 욕이나 한 바가지 먹고 쫓겨나기 일쑤였다. 국수를 더 먹고 싶은 자, 줄을 서시오!

"젊었으니까. 안 그러면 남자들이 수작을 거니까."

음식은 인격이다. 어느 것 하나, 속된 말로 콩나물 대가리 하나를 내놔도 정성을 다하는 사람은 음식이 부끄럽지 않다. 이런 음식을 담아낸다면 손님의 혀와 마음을 매료시킬 수밖에 없다.

테이블 두 개 놓고 노점에서 국수 장사를 하면서도 그가 그렇게 당당할 수 있었던 것도 그 때문이었을 것이다.

제대로 가게를 얻어 장사한 것은 1970년 중반, 중구 정동 경향신문사 아래 좁은 비탈 골목에서다. 제대로 된 가게라고 해도 테이블 네 개가 전부였다. 처음에는 고기랑 유부를 넣은 우거지찌개를 했는데 제법 손님이 있었다.

"메뉴 하나 갖고는 안 될 거 같아서 길게 장사할 수 있는 게 뭘까 생각하다 떠오른 게 생태였어."

그때는 명태가 흔할 때라 언제까지고 명태가 있을 줄 알았단다. 이렇게 귀한 몸이 되실 줄은 꿈에도 몰랐을 것이다.

"명태는 바다가 없어지고 이 세상이 없어지지 않으면 계속 나올 거라고 생각했지."

명태는 10년 넘게 사는 생선이다. 한 번에 알을 수도 없이 낳는다. 그 알에서 헤아릴 수 없는 새끼(노가리)들이 태어난다. 오죽하면 쓸데 없는 말을 헤프게 많이 하는 사람을 '노가리 깐다'라고 했겠나. 그 많던 명태는 도대체 다 어디로 갔을까?

처음에는 육수를 사용하지 않고 맹물에 생태를 끓였다.

"맑은 물을 써야 칼칼하지. 싱싱한 생태랑 좋은 무를 써야 국물 맛이 제대로 나고."

마늘도 듬뿍 넣어서 국물 맛이 얼큰하고 시원한 생태탕. 해장에 이만한 게 또 있을까. 고주망태가 되도록 달린 후, 국물 한두 숟가락이면 흐릿하던 시야가 환해지고 위장이 편안해진다. 더 말 안 해도 한국인이라면 다 아는 맛이다.

그래서 생태탕을 시작한 이후로는 점심시간이나 퇴근 무렵이면 자리 쟁탈전이 치열했던 것. 심지어 부뚜막에 앉아 식사하는 손님이 있을 정도였단다.

그러나 개발 바람에 밀려 식당은 논현동으로, 청진동으로 떠돌다가 2007년부터 지금의 신문로 서울역사박물관 옆 골목에 자리 잡게 되었다. 그 사이 사장은 할머니가 되었고 이젠 중년의 맏딸 전선영 씨가 식당을 이어가고 있다.

어릴 때부터 맏딸은 장사하는 엄마를 대신해 어린 동생들의 부모 노릇을 했고 조막손으로 살림하고 심지어 부업을 해서 살림에 보태는, 그야말로 살림 밑천이었다. 학교 졸업 후 한국전력에 취업했지만 엄마 일을 돕겠다고 식당으로 들어와 이어받기까지 엄마의 든든한 조력자였다.

"우리 딸은 절 음식 마냥 감료를 못 쓰게 해. 그래서 내가 잔소리를 하면 '엄마는 구멍가게를 한 거고 지금은 대기업이야' 이런다니까."

잔소리하는 엄마에게 식당에 얼씬도 하지 말라고 하는 건 귀찮아서가 아니라 이젠 좀 쉬었으면 해서일 것이다. 딸은 여든을 바라보는 엄마가 일하는 걸 보면 맘이 편치 않을 테니까.

하지만 최점례 사장은 지금도 매일 식당에 나온다.

"내가 늙었어도 더 잘해요. 손님들한테 팁도 받는 걸."

단골손님들은 여전히 식당을 지키고 있는 그가 반가울 것이다. 그런 단골손님을 대접하는 게 큰 기쁨이다.

"손님이 '맛있게 먹고 가요'라고 할 때가 제일 좋아."

그래서 조금이라도 부족한 게 없는지 늘 살피고 생각하게 된다.

흥이 넘치고 정이 넘치는 진짜 또순이

최점례 사장은 내가 만난 식당 사장 가운데 가장 화통하고 흥이 넘치는 사람이다. 그는 처녀 시절 국극단(현재의 창극) 단원으로 10여 년간 활동했다.

방송 내내 탁자를 탁탁 두드리면서 열정적으로 말하는 통에 잡음을 피할 수 없었지만 그것을 거슬려하는 사람은 아무도 없었다. 얼마나 열정적으로 인터뷰에 집중했는지 방송 중 갑자기 "아이고 나 좀 벗어야 되겠네. 더워서"라며 반짝이가 내려앉은 화려한 분홍색 카디건을 벗어젖혔다. 투박하지만 꾸미지 않은 말투와 행동은 그의 인생과 장사 철학을 고스란히 보여주었다.

방송이 끝나고서 자진해 노래 한 자락 하겠다며 '여자의 일생'을 불렀다. 진행자 손숙 씨는 장단을 맞추며 어깨춤을 췄고 거기 있던 모든 사람들의 박수갈채가 쏟아졌다. 홀로 자식 셋을 등에 업고 대찬 인생을 살아온 진짜 또순이에게 보내는 박수 갈채였다.

그에게 또순이란 기가 막힌 애칭을 붙여준 사람은 누구일까? 참고로 또순이란 똑똑하고 돈을 매우 아껴 쓰는 여자를 귀엽게 부르는 말이란다. 하지만 내 인식에는 '생활력이 강한 여자', '악착같이 돈을 버는 억척녀'라는 이미지가 더 강하다.

"또순이란 이름은 부산에서 비행기 타고 까막차 타고 오신 어떤 사

장님이 지어주신 거야."

자신의 고급 까막차가 들어갈 수 없는 을지로 골목으로 고작 국수 먹으러 가자고 청한 친구에게 그 사장님은 욕을 퍼부었다고 한다.

"내사 마, 니한테 이기밖에 안 되는 사람이었나? 이기 뭐꼬? 서울까지 와가 이런 델 델꾸 가나?"

"가서 일단 먹고 얘기해. 사장님한테 조금이라도 빈틈 보이면 국수 안 줘. 조심해야 돼."

그렇게 찾아가 먹은 비빔국수는 그야말로 천하일미였던 모양이다. 까막차 사장님의 분노는 눈 녹듯 녹아내렸다. 팔이 빠져서도 당차게 장사하고 사리 좀 더 달라고 해도 욕하고 김치 좀 더 달라고 해도 욕해대는 모습을 보고 이렇게 말했다고 한다.

"진짜 또순이가 여기 있었네!"

국수 맛에 반한 까막차 사장님은 국수 값으로 꽤 큰돈을 놓고 가셨단다. '욕쟁이', '깡패'로 불리던 최점례 사장은 '또순이'란 이름이 썩 맘에 들었고 이후 식당 간판을 달게 됐을 때 '또순이'란 이름을 썼다.

나는 아직도 가난하다

〈안성또순이〉는 가게를 여러 번 이전한데다 꽤 외진 골목에 자리 잡고 있는데도 광화문 일대에서 직장생활을 하는 사람이라면, 웬만한 식도락가라면 모를 수가 없다. 그만큼 유명하니 돈 좀 벌었겠다고 생각했다.

"정릉에 있는 32평 빌라가 전 재산이야."

의외의 대답이다.

"어릴 때부터 남한테 퍼주는 걸 좋아해서 내 앞으로 해놓은 게 없어."

남 퍼주는 걸 좋아하는 것은 태생인 것 같다. 어릴 적 계모한테 얻어맞으면서도 어려운 사람을 그냥 지나치지 못했다고 한다.

"계모한테 맞을 때는 '다시는 안 그래야지' 하면서도 막상 밥 굶는 사람을 보면 집에 있는 감자 갖다 주고 보리쌀 퍼다 주고 그러다가 계모한테 들켜 또 맞고 그랬어."

생태를 이고 다니면서 팔 때도 마찬가지였다.

"남편도 없이 뭘 먹고 사냐고 애들 먹이라고 보리쌀이나 잡곡을 한 대씩 더 주기도 했는데 그럼 나는 생태 한 마리를 더 줘버려."

인심이 후하니 손님은 많았으나 퍼주길 좋아하니 앞으로 남아도 뒤로 밑지는 장사였을 것이다. 그러나 인색한 장사꾼이 성공했다는 말은 못 들어봤다. 특히 못 먹어도 음식을 푸짐하게 줘야 흡족해하는 우리나라 사람들은 '저렇게 퍼주고 남겠나?' 싶게 퍼줘야 좋아한다.

나는 이것이 안타깝다. 특히나 식재료 하나, 양념 하나에도 정성을 다하는 반찬에 젓가락 한번 휘젓고 버려야 한다니 이 무슨 낭비인가? 식사 전에 먹지 않는 반찬은 반납하는 것도 방법이다. 그런데 이런 행동을 귀찮아하는 종업원도 있다니 할 말이 없다.

생태탕의 맛은 생태가 얼마나 싱싱하냐에 달려 있다. 두말할 것 없이 동해에서 갓 잡아 올려 끓인 것이 으뜸이다. 싱싱한 생태가 생태탕의 생명이라는 걸 누구보다 잘 아는 최점례 사장은 처음부터 30여 년간 한 집에서 생태를 받아왔다.

"우리 집에 최고로 싱싱하고 좋은 생태를 구해주기 위해 잠도 안 자고 뛰어다니는 사람이었어."

남 퍼주기 좋아하는 그는 그 집 어머니를 위해 절에서 천도제까지 드렸단다. 그리고 그 집도 대를 이어서 하고 있다.

문제는 요즘 동해에서 명태가 잡히지 않는다는 것이다. 우리 바다에서 명태가 자취를 감추고 있다. 국내 명태는 대부분 러시아의 오호츠크 해와 베링 해, 일본의 홋카이도 부근에서 잡아온 것이다. 최점례 사장은 생태탕 전문점을 운영하는 만큼 명태에 대한 호불호가 분명하다.

"러시아산은 못 써요. 크기만 하고 맛이 없죠. 중국이랑 일본에서 잡은 건 괜찮아요. 같은 바다에서 잡은 것이니 국산이랑 한 형제죠."

국산 생태를 구할 수 없으니 생태탕 전문점이 위기일 수밖에 없다. 결국 맏딸 전선영 씨가 두 발 벗고 나섰다. 전국 바다를 돌아다녀본

결과 생태 자리를 대신할 새로운 생선으로 대구를 낙점했다. 생태를 구할 수 없을 때는 대구탕이 대타로 나온다니 〈안성또순이〉는 더 이상 생태 전문점이 아니다. 물론 생태탕 이상으로 대구탕 역시 여전히 맛있고 인기다.

그럼 이제 안심해도 좋은가? 대구란 녀석은 우리 바다를 떠나지 않을 것이라고 장담할 수 있는가. 기후 변화는 밥상에 많은 변화를 가져오고 있다. 식당은 거기에 어떻게 대처할 것인가에 대한 대안이 필요할 때다.

시작은 미약하나 끝은 창대하다
인적이 드문 뒷골목이나 수도권 외곽에서 소규모 가게로 시작해 점점 키워나가는 것이
장사의 정석.

아이디어와 기술로 승부하라
스스로 개발한 독특한 메뉴, 혹은 자신만의 기술로 승부한다. 최근 외식시장은 아이디어
와 기술이 없으면 승산이 어렵다.

자신의 선택을 믿고 패기 있게 도전
젊은 피답게 도전과 패기가 돋보인다. 모두가 반대하는 길 때론 무모해 보이는 선택에도
망설이지 않는다. 자신의 선택을 믿는 것이다.

달콤한, 그러나 위험한 유혹
유명세를 타기 시작하면 달콤한 유혹의 손길이 몰려오기 시작하는데 가장 조심해야 할
장애물이다. 삐끗하면 무너질 수 있다.

Chapter 4.

외식시장을 뒤흔드는
새로운 바람

리김밥

프리미엄으로
도전하라

— 이은림

특별한 날에나 먹던 별식. 1980년대 유년 시절을 보낸 나에게 김밥은 소풍이나 운동회날 먹는 별식이었다. 김밥을 마는 엄마 옆에서 한 개씩 집어먹는 김밥 꼬투리는 얼마나 맛나던지 끝도 없이 먹을 수 있을 거 같았다. 소풍 가서 각자 싸온 김밥을 펼쳐놓고 먹노라면 김밥 하나에도 그 집 어머니의 솜씨와 집안 살림살이의 수준이 보였다.

좀 산다는 친구네 김밥에는 어김없이 양념된 고기가 들어 있었다. 우리 집 김밥에는 단무지, 달걀지단, 당근, 시금치, 햄이 들어갔는데 햄이 이쑤시개 같았다. 감질 나는 크기 때문에 햄에 대한 갈증은 더 커졌다.

24시간 분식집이 생기고 1,000원 김밥이 등장한 건 90년대 후반

IMF 즈음이었던 거 같다. 1,000원짜리가 등장하면서 김밥은 별식의 지위에서 주머니가 가벼운 사람들의 한 끼 때우기 식사로 전락했다.

한동안 두세 개 프로그램을 하면서 이 방송사에서 저 방송사로 메뚜기처럼 이동을 하던 나는 차 안에서 김밥으로 끼니를 때우는 일이 잦았다. 그래도 질리지 않는 음식이라니…. 김밥은 가장 오래된, 또 앞으로도 오랫동안 살아남을 외식 메뉴가 분명하다.

특별한 날 먹던 별식에서 자취생이나 바쁜 직장인의 끼니 때우기 음식으로 전락했던 김밥이 2000년대 후반부터 엄청난 변신을 시도했다. 김밥 한 줄이 한 끼 식사 값을 훌쩍 넘는 프리미엄 김밥의 출현이 그것이다. 물론 가격만 프리미엄은 아니다. 불고기, 갈비, 에담 치즈, - 네덜란드 치즈로 부드럽고 짠맛이 특징. 지방 함량이 낮은 빨간 공모양 - 견과류 등 속 재료 역시 프리미엄이다. 프리미엄 김밥의 퍼스트 펭귄은 단언컨대 〈리김밥〉이다.

김밥은 속 재료가 아무리 변해도 빠지지 않는 게 하나 있다. 바로 단무지다. 그런데 〈리김밥〉은 과감하게 단무지를 뺐다. 2010년 서울 압구정동 한적한 골목에 초소형 가게로 문을 연 〈리김밥〉은 김밥 단일 메뉴로 승부를 본 그야말로 김밥 전문점이다. 기존 김밥 전문점들이 떡볶이나 국물 있는 사이드 메뉴를 두는 것과 완전히 차별화된 전략이다.

그것이 빠른 시간에 성공할 수 있던 요인일 것이다. 김밥 하나에만 집중할 수 있으니 아무래도 다른 가게보다 김밥 개발에 더 유리하지 않았겠나. 돈은 좀 덜 벌었겠지만.

선생님의 어릴 적 꿈은 떡볶이 장사

〈리김밥〉 창업주 이은림 사장은 원래 보습학원 강사였고 2000년 이후 명문대 출신과 유학파 강사진이 대거 학원가로 몰려들면서 위기감을 느껴 영국으로 유학을 떠났다. 그곳에서 영국인이 음식을 대하는 태도와 요리사의 진지함에 문화적 충격을 받았다고 한다. 물론 그런 풍경을 접하게 된 건 그가 음식에 관심이 많았기 때문이다.

그가 음식에 관심을 가진 건 오래 전 일이다. 특히 떡볶이와 순대, 김밥 같은 분식에 대한 판타지가 있었다.

"세 끼를 떡볶이만 먹고 떡볶이를 만드는 아줌마를 바라보고만 있어도 행복했어요."

어떻게 저렇게 많은 양의 떡볶이를 뚝딱 만들어내고 많은 주문을 다 외우는지 그저 신기하기만 했다. 어느 집 떡볶이가 맛있다는 풍문만 들어도 당장에 달려갔다. 그곳이 어디든 마다하지 않았다. 외국이라고 해도 갈 판이었다. 떡볶이 사랑은 20년간 이어졌다.

아무리 좋아하는 음식도 몇 끼 먹으면 물리기 마련이다. 그런데 이은림 사장은 달랐다.

"매일 떡볶이를 먹어도 질리지 않았어요. 좀 이상하죠?"

많이 이상하다. 아무리 떡볶이를 좋아해도 어떻게 그럴 수 있을까? 그는 이유를 어릴 적 기억에서 찾는다.

"어릴 때부터 할머니를 따라 시장에 다녔는데 시장에 가면 떡볶이, 순대가 너무 먹고 싶어서 어질어질 할 지경이었죠. 하지만 아무리 떼를 써도 할머니는 떡볶이를 사주지 않으셨어요. 사줘도 정말 감질나게 사주셨죠. 언젠가는 떡볶이를 원 없이 먹어보리라 생각했던 거 같아요."

이렇게 떡볶이를 보기만 해도 설렌다는 이은림 사장은 왜 떡볶이가 아니라 김밥 장사를 하게 되었을까? 물론 처음에는 떡볶이 가게를 해보고 싶었다. 20여 년간 떡볶이 가게를 순회하다가 스스로 전국 지존이라고 낙점한 떡볶이집으로 매일 출근하다시피 했다. 먹어보고 또 먹어보고. 하루 종일 죽 치고 앉아 주인아줌마가 떡볶이를 어떻게 만드는지, 어떤 재료를 넣는지 눈 여겨 봤다.

하지만 집에 와서 만들어보면 그 맛이 나지 않았다. 당시 학원 강사를 해서 번 돈을 떡볶이 먹고 만드는 데 다 썼다. 떡볶이는 1~2인분 갖고는 맛을 낼 수 없기 때문에 한번 만들 때마다 20~30인분씩 해야 했다.

도대체 어떤 비밀이 숨어 있는 건지 알 수가 없었다. 가게 구석에 쌓아놓은 식자재 박스에 적혀 있는 전화번호로 주문해서 만들어보기도 했다. — 이건 몰래 해야 한다. 거래처 정보도 노하우니까 — 하지만 별의 별짓을 다 해봐도 그집 떡볶이 맛이 나지 않았다.

"내가 그 집을 뛰어넘어야 성공할 수 있겠는데 그 맛이 나질 않았어요. 어차피 2등은 없다고 생각했죠. 1등을 목표로 해도 3, 4등이 될까 말까인데. 아, 그럼 떡볶이는 아닌가보다 생각했죠."

이은림 사장이 떡볶이 장사를 접은 이유다.

김밥은 내 운명

그럼 김밥을 선택한 이유는 뭘까? 영국 유학 시절이었다. 한국인이 운영하던 반찬가게가 있었는데 망하기 일보 직전이었다. 그런데 얼마 후 다시 간 그 가게는 기사회생을 넘어 대박 가게로 거듭나고 있었다. 주인공은 김밥이었다.

오후 두 시면 김밥을 살 수 없을 정도였다. 한국인에게만 인기가 있었던 게 아니다. 현지 사람들까지 찾아왔다. 김밥을 사가는 영국 손님을 쫓아가 김밥을 왜 샀는지 물었다. 이유는 간단했다. 김밥은 야채가 많이 들어간 건강식이라는 것! 더불어 가격도 저렴해서 너무 좋다는 것이다.

당시 영국은 채식 위주의 식단에 관심이 높던 시기라 김밥을 야채가 골고루 들어간 새로운 건강식이라 인식하고 있었다. 이미 일식에서 마끼를 먹어본 터라 거부 반응도 적었다. 오히려 마끼보다 야채는 많고 가격은 싸다는 장점을 높게 평가했다.

김밥의 비전을 본 이은림 사장은 이런 꿈을 꿨다.

"차가운 유럽 도시인의 마음을 정감 있고 따뜻한 김밥이 녹여줄 수 있을 거 같았어요. 터무니없는 꿈이지만 유럽의 대도시 하나에 제 김밥집이 하나씩 있다면 좋겠다는 마음이 출발이었어요."

당시 영국은 제이미 올리버(Jamie Oliver) 같은 젊은 요리사의 영향으로 건강 식단, 채식 위주의 식단에 관심이 높아지고 있었다. 요리사가 직접 학교를 방문해서 설득해 나가는 프로그램이 텔레비전을 통해 반영되기도 했다. 튀김, 소시지, 햄 일색이던 학교 급식은 채소 위주의 건강식으로 바뀌어 나갔다.

스타 요리사이긴 했지만 그래도 한 명의 요리사가 학교 급식 문화를 바꾸고 한 나라 음식 문화를 바꿔나가는 걸 보고 신선한 충격을 받았다. 그게 뭐든 원칙과 내실을 갖고 일하면 인정받을 수 있겠구나 하는 깨달음을 얻었던 것이다.

그때부터 식당 순회에 박차를 가했다. 영국 골목골목 작은 동네를 뒤지고 다녔다. 케밥이 터키 음식의 전부가 아니듯 음식이 변변치 않다는 영국에서도 지역마다 지나는 동네마다 색다른 음식이 튀어나왔다.

특히 지방일수록 개인 베이커리와 커피 전문점이 더 존중받았고 지역 주민의 사랑을 받았다. 거기서 음식 장사에 대한 비전을 본 이은림

사장은 귀국 후 학원으로 돌아가지 않고 장사에 뛰어들었다. 〈리김밥〉
은 그렇게 시작되었다.

대접받으면서 먹는 음식이 더 맛있다

장사를 시작하기 전, 연구차 일본을 찾은 그는 영국에서보다 더 큰
충격을 받는다. 일본인이 음식을 대하는 태도는 영국인보다 한 수 위
였다. 테이블도 몇 개 없는 시골 우동집에서도 주인장이 면을 뽑는데
너무 열심히, 참으로 진지하게 혼신의 힘을 다했다. 저러다 쓰러지지
않을까 걱정이 될 지경이었다.

"손님이라곤 저 하나뿐이었는데 한 명의 손님을 위해 정성을 다하
는 모습에 감동을 넘어 충격을 받았어요."

일본의 접객 마인드는 세계적으로 유명하다. 몇 년 전까지만 해도
우리나라 사람 대부분은 일본의 접객 서비스를 부담스러워했다. 이은
림 사장 역시 처음엔 '왜 저러지' 하는 생각이 들 만큼 부담스러웠다
고 한다.

하지만 음식점에서 접객이 얼마나 중요한지를 군이 말해본다면 이
렇다. 접객을 잘하면 음식에 대한 실수가 있어도 한 번은 눈감아줄 수
도 있다. 물론 아무리 접객이 좋아도 두 번의 실수는 용납하지 않는
다. 하지만 접객이 엉망이면 음식에 한 번만 실수해도 '이 집은 형편

없는 집'이라는 주홍글씨
가 박힌다.

"일본은 접객 문화가 남
다를 뿐만 아니라 요리사
가 존경을 받았고 음식을
대하는 태도가 굉장히 진
지했어요. 시골 작은 시장
에서 장사하는 사람들조차 자신이 하는 일에 긍지가 있었죠. '이게 내
인생이고 난 이걸 굉장히 좋아한다. 그 다음이 돈이다'라는 신념이 느
껴졌어요."

좋은 서비스는 음식 수준을 한층 더 높인다는 사실을 알게 된 이은
림 사장은 접객 서비스에 눈뜨게 됐다. 비록 작은 김밥집이지만 최선
의 접객을 위해 힘써야겠다고 생각했다. 하지만 주변의 반응은 "오버
좀 하지 마라"는 질책 일색이었다. 오글거리고 부담스러워 미쳐버리
겠다는 것이다. 하지만 스스로 세운 원칙을 무너뜨릴 생각은 없었다.

목청을 높여 인사하니 목이 아팠다. 장사가 잘되면 잘될수록 성대
는 혹사를 당했다. 하루에 300명이 오면 600번 인사해야 하니 접객
자체가 엄청난 노동이었다. 그래도 인사를 멈출 수는 없었다. 그가 접
객에 신경 쓰는 또 다른 이유는 손님과의 소통 때문이다.

"제 김밥을 먹는 손님과 교감하고 싶어요. 눈빛을 마주치고 마음과
마음을 나누고…. 그러면서 먹는 김밥이 훨씬 더 깊이 있을 거라 생각

하거든요."

젊은 장사꾼 사이에서 나타나는 공통점 가운데 하나는 손님과의 소통을 시도하고 있다는 것이다. 내가 만든 음식을 먹는 손님과 교감을 느끼고 싶은 이유. 그것은 아마도 자기 음식에 대한 자부심이 아닐까. 내 가치를 알아주는 사람과 소통하고 싶은 것은 당연할 터. 이제 음식을 파는 일은 그림이나 음악, 책을 파는 일과 비슷해졌다.

고객은 안다

2010년 처음 문을 열었을 때 김밥 단가는 어마어마했다. 원가가 2,000원이었다. 4,000원은 받아야 월세와 인건비가 겨우 빠질 상황. 하지만 당시 김밥 한 줄에 4,000원이란 가격을 손님이 납득하기 어려울 거라고 판단했다. 그래서 홍보비라고 생각하고 1년 9개월간 김밥을 거의 원가에 제공했다. 한번 먹어보면 또 찾을 거란 확신이 있었기 때문에 가능한 도전이었다.

처음부터 장사가 잘된 건 아니다. 다음 달에 문 닫아야 하나 고심할 만큼 파리가 날릴 때도 많았다. 장사가 안 되는 날엔 퇴근할 수가 없었다. 가게에 앉아 '뭐가 잘못됐을까?' 고민을 거듭했다. 실수는 할 수 있지만 그것을 가능한 빨리 해결하는 게 중요하다고 생각해서였다.

"장사가 안 될 때 더 열심히 하자는 게 제 철학이에요. 지금도 장사

가 주춤하다 싶으면 초심으로 돌아가서 다시 음식을 연구하고 메뉴를 만들어보고 접객에 신경을 씁니다. 진심으로 접객하면 고객도 느낀다는 걸 알고 있거든요."

진심으로 대하면 고객이 느낀다는 건 내가 만난 식당 사장님들이 공통적으로 얘기하는 부분이다.

이은림 사장이 처음 개발한 독창적 메뉴는 버섯불고기 김밥이다. 어디서 창안한 아이디어일까?

"제가 요리사도 아니어서 메뉴를 개발하며 많이 고전했어요. 그러다가 꿈을 꿨죠. 산속 깊은 곳에 분식집이 있었고 그곳에 들어가서 김밥을 시켰는데 속이 하얗더라고요. 이상해서 김밥을 열어봤더니 버섯이 있는 거예요. 잠이 깨고 좀 황당하지만 하늘이 제게 내려준 아이디어라고 생각했어요."

버섯만 갖고는 제대로 맛을 내기 어렵다고 판단해 버섯과 가장 궁합이 좋은 음식이 뭘까 고민했다. 가장 먼저 떠오른 게 불고기였다. 그래서 탄생한 게 버섯불고기 김밥이다.

나무꾼의 효심에 감동한 산신령이 꿈에 나타나 산삼이 있는 위치를 알려준다는 전래동화가 있는데 이게 정말 가능한 일인가보다. 꿈

은 무의식을 반영한 것이라고 한다. 그만큼 김밥에 대한 열정이 컸다는 얘기일 것이다.

여하튼 이은림 사장은 첫 번째 메뉴의 아이디어를 꿈에서 얻었다. 이후 각종 견과류, 파프리카, 네덜란드산 고급 에덤치즈 등 누구도 생각할 수 없는 재료와 아이디어로 독창적인 김밥을 만들어냈다.

〈리김밥〉이 출발한 이후 프리미엄 김밥, 건강 김밥을 내세운 김밥 전문점이 우후죽순 생겨나고 있다. 특히 요식업계 큰손들까지 김밥 전문점에 대거 합류하면서 생긴 부작용은 메뉴 도용이다.

"본인들 노력으로 메뉴를 개발하면 좋겠어요. 응용도 아니고 도용 수준도 많아요. 신 메뉴는 하루아침에 나오는 게 아니죠. 거기 쏟아부은 노력과 시간과 돈을 생각하면 억울해요."

요식업계에서는 도용된 메뉴가 원조로 둔갑하거나 더 많은 인기를 누리는 경우도 많다. 도용이 김밥만큼 쉬운 메뉴가 없다는 것도 문제다. 앞으로 이은림 사장이 풀어야 할 가장 큰 과제일 것이다.

"대기업이 김밥 가게를 하면서 생긴 장점도 있어요. 프리미엄 김밥이란 존재를 세상에 알렸죠. 이렇게 빠르게는 저 혼자 힘으로 불가능했을 겁니다."

〈리김밥〉은 지난해 9월 프랜차이즈의 뜻을 밝혔다. 김밥은 프랜차이즈를 하기에 아주 좋은 메뉴라는 데 이견이 없을 것이다.

그는 단타로 돈이나 벌어보자는 장사꾼은 분명 아니다. 그가 만들어가는 프랜차이즈 역시 그런 의미는 아닐 거라고 생각한다. 하지만 대부분의 음식 명인들이 경험했듯이 프랜차이즈가 본점을 갉아먹는 일이 생기지 않기를 바랄 뿐이다.

김밥에 대한 열정이, 손님에 대한 애정이 돈으로 바뀌지 않기를 바란다. 이은림 사장은 김밥 장사가 아니라 김밥 명인이 되기에 충분한 사람이니까.

그런데 최근 다시 만난 이은림 사장에게 안타까운 얘기를 들었다. 몇 개월 사이, 〈리김밥〉에 위기가 찾아왔다는 것이다.

"저는 제가 김밥계 서태지인 줄 알았어요. (웃음) 개발하는 족족 터지니까 자만심이 하늘을 찔렀죠."

가맹 문의가 빗발치고 이런저런 사업 제안도 밀려들었으며 텔레비전에서도 연일 콜이 이어졌다. 눈이 휘둥그레질 만큼 대단한 가게를 그냥 줄 테니 와서 장사만 하라는 믿기 힘든 제의도 여럿 받았다.

장사 경험이라곤 압구정 뒷골목의 5.5평 초소형 가게에서 5년 한 것이 전부였던 그에게 쓰나미처럼 밀려드는 유혹은 정신을 혼미하게 만들었다. 그러나 돈 냄새만 좇는 선수들한테 이리저리 끌려다니면서 뒤통수를 몇 대 맞고 나니 정신이 번쩍 들었다. 거기서 모든 걸 멈추고 초심을 되찾기로 결심했다.

"저는 아직 자신 있습니다. 그래서 멈출 수 있었어요. 다만 저는 사업가가 아니라 장사꾼이라는 사실을 뼈저리게 느꼈죠."

이 바닥 선배들이 수십 년간 시행착오를 겪으면서 얻은 교훈을 그는 이렇게 빨리 얻었으니 그 또한 행운이다. 지금도 가게에 가면 앞치마와 두건을 두르고 직접 김밥을 마는 이은림 사장을 만날 수 있다. 김밥을 싸고 있을 때 가장 행복한 표정이다. 역시 그는 김밥 장사가 아니라 김밥 명인이 될 사람이다.

오월의 종

매일 먹어도
질리지 않아야 한다

— 정웅

나도 나이가 적잖은가 보다. 추억 속 첫 번째 빵을 떠올려보니 보름
달 빵이다. 보름달처럼 둥근 카스테라 속에 크림이 묻어 있었다.

대전에서 나고 자란 나에게 최고의 빵집은 '성심당'이다. 튀김소보
로를 좋아했지만 먹고 나면 속이 니글거려서 매운 왕 떡볶이로 달래
곤 했다. 그러나 매운 음식에도, 기름진 음식에도 면역력이 약했던 나
는 집에 도착하기 전부터 장이 뒤틀렸다.

당시에는 빵에 대한 계급차가 크지 않았다. 슈퍼마켓에서 파는 기
성품이냐, 제과점에서 파는 수제품이냐 하는 차이 정도? 물론 그때도
제과점 빵이 갑이었지만. 제빵 기술을 익혀 동네 제과점이라도 운영
하면 맛이나 상권과 관계없이 먹고 살만하던 시절이었다.

2000년 이후, 프랜차이즈 빵집들의 습격을 받은 동네 빵집들은 불과 몇 년 사이에 싹쓸이를 당했다. 급기야 홍대의 랜드마크였던 '리치몬드 제과점'이 철수하고 30년 전통의 신촌 명물 '이화당'까지 폐업 위기에 처하면서 동네 빵집 시대는 끝나는가 했다.

참고로 리치몬드 제과점은 성산동으로 이전했고 이화당은 새 단장을 하고서 프랜차이즈 빵집들과 한판 승부에 나섰다. 지금도 이화당이 신촌 명물로 위세를 떨치고 있는 걸 보면 승부에서 밀리지는 않은 모양이다. 다행이다.

그런데 2010년 이후 동네 빵집의 역습이 시작됐다. 슬금슬금 프랜차이즈 빵집들의 포위망을 뚫기 시작하더니 몇 년 사이에 동네 빵집들은 골목 상권의 강자로 떠오르기 시작했다.

강하게 성장한 동네 빵집들은 특징이 있다. 비주얼 위주의 간식빵이 아니라 매일 먹어도 질리지 않는 식사빵 위주라는 것. 더불어 유기농 재료와 천연 발효종으로 만들고 빵 종류가 단출하다.

담백한 맛에 매료된 소비자가 늘어나면서 파급력은 꽤 컸다. 이제는 동네마다 식사빵 위주의 개인 베이커리가 하나 둘 없는 곳이 없을 정도다.

최고의 인테리어는 손님

이태원의 〈오월의 종〉은 동네 빵집 시대를 연 대표적인 빵집이다. 또한 천연발효종 빵을 대중화시킨 초기 주자다. ─ 지금이야 동네 빵집 절반이 천연발효종을 내세우고 있지만 〈오월의 종〉 창업 당시만 해도 천연발효종이라는 단어조차 생경했다. 그렇게 만든 빵은 '이것도 빵이냐'라는 외면을 받을 때다 ─ 평소 빵 좀 뜯어봤다는 빵 마니아 사이에서 〈오월의 종〉은 성지 같은 곳이다.

이 집 빵을 먹기 위해서는 한 시간 이상 줄서는 수고로움을 감수해야만 한다. 구매경쟁이 치열하다보니 간혹 여행용 캐리어를 끌고 와 사재기하는 사람도 있다. 늘 오랜 시간 줄서야 하거나 멀리서 왔기 때문일 것이다.

재밌는 건 빵의 대량 구매를 가장 적극적으로 말리는 사람이 정웅 사장이라는 것이다.

"빵은 갓 만들어 온도가 적당해야 맛있으니 알맞게 구입하시라고 말씀드려요. 그래서 동네 빵집에도 가보시라고 하죠. 찾아보면 맛있는 빵이 많거든요."

요식업 최고의 인테리어는 '손님'이라는 말이 있다. 손님이 많은 가게는 믿고 들어가도 된다는 얘기다. 줄을 늘어선 가게를 보면 사람들은 '대박 맛집인가봐. 나도 한번 가봐야지'라고 생각하기 마련이다.

정웅 사장은 고도의 마케터일까? 그를 한번 만나보자.

정웅 사장은 해외 유학은 고사하고 그 흔한 연수 한번 다녀오지 않은 순수 국내파 제빵사다. 대학에서 화학을 전공하고 시멘트 회사에 다녔다. 적성에도 맞았고 일도 즐거웠지만 성취도가 떨어졌다. 직장생활이라는 게 승진해도 어차피 하는 일은 크게 다르지 않다는 것을 실감하면서 회의가 들었다. 남한테 간섭 안 받고 내 손으로 처음부터 끝까지 할 수 있는 일이 뭐가 있을까 고민하다가 선택한 일이 바로 빵 만드는 일이었다.

그와 빵의 만남을 두고 뭔가 운명적이고 드라마틱한 것을 기대하지는 말았으면 좋겠다. 무엇을 상상하든 그 이하가 될 테니까.

정웅 사장이 다니던 시멘트 회사 근처에 제빵학원이 있었다. 매일 그 앞을 지나다니면서 '저기는 뭐하는 곳일까?' 하는 호기심을 갖고 있었다고 한다. 어느 날 2층 창문 너머로 빵을 만드는 사람을 보고 자신이 찾던 일(처음부터 끝까지 내 손으로 할 수 있는 일)과 비슷하지 않을까 하는 생각이 들었던 것이다. 그래서 그 자리에서 '그래, 저걸 한번 해보자'라고 결심했다. 그렇게 싱겁게, 문득 길거리에서 그는 빵을 만났다.

제빵학원에 다니기 전에는 음식을 만들어본 경험도 없었다.

"그런데 참 신기한 건요. 시멘트를 만드는 연구실이랑 빵을 만드는 장소가 굉장히 유사하다는 사실입니다. 저도 제빵학원을 다니면서 알게 됐어요."

더 재밌는 건 그는 빵을 좋아하는 사람도 아니었다는 점이다.

"제 돈을 주고는 빵을 사본 적이 없어요. (웃음) 좋아하지도 않았거든요."

인생이라는 건 이렇게 반전이 있어서 재밌다.

명장을 만나다

빵을 좋아하지 않았으니 자신이 등록한 학원이 어떤 학원이었는지도 몰랐을 터. 그런데 그 학원은 바로, 그 유명한 '리치몬드 제과점' 산하의 제빵 명장 권상범 씨가 이끄는 학원이었다. 그래서 권상범 명장에 대해서 물었다.

"제 인생에서 또 하나의 막을 열어주신 분이죠. 저한테는 정말 크신 분이지만 스스로 제자라고 하기도 어렵습니다."

정웅 사장에게 권상범 명장은 단순히 제빵 스승 그 이상이었다.

제빵기술학원에는 나이 제한이 있었다. 물론 모든 과정에 나이 제한이 있었던 건 아니다. 그는 해본 적이 없는 일이니 많이 배워야겠다는 단순한 생각으로 가장 긴 제빵 과정을 신청했는데 그것은 진학과 취업을 위한 정규반 과정이라 나이 제한이 있었다.

당시 그는 서른한 살이었다. 그 나이에 제빵을 배워 진학하거나 취

업하기에 늦은 나이라는 얘기일 거다. 꼭 하고 싶다고 떼쓰는 그를 받아준 건 다름 아닌 권상범 명장이었다.

'자기 돈 내고 입학한다는데 막을 이유가 뭐냐'는 게 당시 정웅 사장의 입학을 반대하던 이들에게 던진 말이었다고 한다. 권상범 명장은 늦깎이 제빵사인 정웅 사장을 자신이 운영하는 '리치몬드 제과점'에 취업시켰다.

그는 "늦은 나이에 말단 제빵사로 갈 데가 없어서였을 겁니다. (웃음)"라고 했지만 후배 양성에 특별한 뜻이 있는 권상범 명장의 눈에 정웅 사장의 재능 혹은 태도가 남달랐을 거라고 생각한다.

나는 권상범 명장을 만나 인터뷰를 한 적이 있다. 그러고 보니 둘은 닮은 데가 있었다.

정웅 사장이 제빵사가 되기에는 넘어야 할 장벽이 또 있었다. 결혼한 지 얼마 안 된 가장이 안정적인 직장을 그만두고 빵 굽는 일을 배우겠다고 하니 다들 반대했던 것. '미쳤다'는 소리까지 들었다. 아마 나라도 반대했을 것이다.

그런데 반대하지 않은 유일한 사람이 바로 아내였다. 제일 펄펄 뛰면서 반대해도 모자를 상대가 해보라고 격려해주니 천군만마가 따로 없었다.

그렇게 제빵학원에 다니기 시작했고 2년 동안 하루 여덟 시간씩 빵을 만들었다. 남들보다 늦은 만큼 열심히 했고 해외 관련 서적들을 독파하며 공부했다. 자격증을 딴 후엔 '리치몬드 제과점' 등 다른 빵집에서 3년의 경력을 쌓은 후 드디어 2005년 5월 12일 일산에 〈오월의 종〉을 창업했다.

보통 제빵업계에서 3년 경력으로 창업한다는 건 힘든 일이라고 한다. 하지만 그에겐 지체할 시간이 없었다. 처음 빵을 배우겠노라고 했을 때 아내에게 '3년이란 시간을 내게 주면 3년 후 빵가게를 열어 수입을 내겠다'라고 다짐했기 때문이다.

"나를 믿어주는 아내와의 약속을 지키고 싶었고 그래서 더 열심히 할 수 있었던 거 같습니다."

여기서 잠깐! 〈오월의 종〉이라니 빵집 이름이 너무 시적이지 않은가? 어디서 영감을 받은 이름일까? 출처는 비지스(Bee Gees)의 노래 'First of May'다. 정웅 사장은 이 노래를 아주 좋아해서 빵을 만들 때도 많이 들었다고 한다.

빵의 종류는 엄청나게 많다. 그 가운데 정웅 사장이 바게트 같은 하드 계열의 식사빵을 선택한 이유는 간단했다.

"제가 만든 케이크는 맛이 없더라고요. (웃음)"

그래서 바게트로 눈을 돌렸고 이후 다양한 식사빵을 만들어왔다. 빵가게를 오픈할 당시에는 프랜차이즈 빵집들이 쏟아내는 달고 부드러운 빵을 선호할 때였다. 당시 사람들에게 익숙하지 않은 빵 때문에 웃지 못할 해프닝도 많았다. 샤워종(천연발효종의 하나) 호밀빵은 원래 시큼한데 상한 빵을 팔았다고 격하게 항의하면서 경찰에 신고하겠다는 협박까지 받았다.

그건 원래 그런 빵이라고 아무리 설명해도 손님은 이해하지 못했다. 그런 빵을 접해보지 못한 사람들에겐 그게 당연했다. 결국 "빵이 맛이 없어서 죄송합니다"라는 사과로 마무리하는 게 빨랐다. 그런 상황이니 장사가 됐을 리 만무하다. 결국 보증금만 날리고 3년 후 문을 닫았다. 3년을 버틴 것도 대단한 일이었다.

생애 첫 가게였던 일산 〈오월의 종〉은 상처만 남긴 채 문을 닫아야 했다. 빚만 1억이었다. 하지만 빵가게를 그만둘 생각은 없었다. 더 작고 소박한 가게를 찾고 있던 차에 지인으로부터 이태원에 좋은 가게 자리가 났다는 연락을 받았다.

유럽식 식사빵이 가장 잘 먹힐 곳은 이태원이나 강남 쪽이다. 그때만 해도 그랬다. 정웅 사장도 모르지 않았던 터라 욕심이 났다. 하지

만 이태원의 문턱은 너무 높
았다. 돈이 없었다. 그냥 구경
이나 해보라는 지인의 말에
나들이 삼아 들렀다.

정말 마음에 쏙 드는 가게였다. 하지만 돈이 턱없이 부족했다. 아쉬
움을 뒤로 한 채 가게 문을 나서는데 부동산 사장님이 가게가 마음에
드는지를 물었다. 마음엔 드는데 돈이 없다고 하자 그 자리에서 돈을
빌려주셨다.

선이자를 떼는 사금융도 아니고 안면부지의 부동산 사장님이
5,000만 원이나 빌려주겠다니 현실감이 없지 않은가? 하지만 그것은
현실이 됐고 그 자리에서 계약서를 썼다. 그 가게가 〈오월의 종〉의 이
태원 본점 자리다.

그러나 이태원에서도 하드 계열의 유럽식 빵은 이른 감이 있었다.
3년이나 고전을 면치 못했다. 천연 효모로 만든 터라 하루가 지나면
빵을 팔수도 없었고 남은 빵은 주변에 나눠주었다.

아예 변화가 없었던 건 아니다. 새로 빵가게가 생겼다고 해서 한
번 온 손님이 단골이 되고 조금씩 입소문을 타고 그게 쌓이고 쌓인
게 3년. 조금씩 손님이 늘더니 급기야 매일 줄서는 빵집이 되었다.

일산에서 처음 빵가게를 할 때는 60여 종의 빵을 만들었다. 어느
빵이 잘될지 모르니 이것저것 찔러본 셈. 하지만 이태원으로 옮기면
서 30여 종으로 줄였다. 선택과 집중이 필요하다고 느꼈기 때문이다.

그럼 정웅 사장이 가장 자신 있는 빵은 뭘까?

"바게트입니다. 동시에 가장 어렵고 자신 없는 빵이기도 하죠. 바게트는 가장 단순한 빵이지만 대신 사람이 해야 할 부분이 많습니다."

여기서 잠깐! '리치몬드 제과점'의 권상범 명장에게도 같은 질문을 한 적이 있다. 가장 자신 있는 빵이 뭐냐고.

"제가 그래도, 식빵은 자신 있는데…."

제빵 명인이 최고로 꼽는 빵은 바로 식사빵의 대명사이자 가장 기본 빵인 식빵이었다. 말하지 않았던가. 권상범 명장과 정웅 사장은 닮은 데가 있는 사람이라고.

정웅 사장이 만드는 빵은 우유나 버터도 없이 밀가루에 소금과 물 그리고 천연발효종을 넣어 반죽하는 것이 전부란다. 그는 천연효모 빵에 대해 이렇게 얘기한다.

"천연효모 빵이 대단한 빵은 아닙니다. 그냥 원시적인 방식으로 만든 빵이죠."

그래서인지 〈오월의 종〉은 건강빵이라는 인식이 강하다. 건강빵이란 개념에 약간 오해가 있을 수도 있다. 먹으면 건강해지는 빵이 아니다. 먹어도 탈이 나지 않는 빵이다.

"저희 빵이 웰빙에 초점을 맞춘 건 아닙니다. 재료를 충분히 사용하되 자극적인 맛을 지양한 식사용 빵을 만들 뿐이지요. 사용하는 밀가루도 유행하는 프랑스산이나 유기농이 아니라 일반 슈퍼에서 살 수 있는 국내산입니다."

우리가 친근하게 알고 있는 '곰'이 모델인 하얀 밀가루, 그거다. 그는 자신도 하루 한 끼는 빵으로 해결한다면서 고객에게도 가능하면 하루 한 끼 이상은 빵을 먹지 말라고 한다. 이유는 그게 건강에 좋다고 믿기 때문이다. 빵가게 사장님의 얘기치곤 너무 진솔한 거 아닙니까?

직원은 모두 파티시에

담백한 빵맛이 입소문을 타면서 단골이 하나둘 늘어나기 시작했고 웰빙 바람과 맞물리면서 스타 빵가게로 자리매김하기 시작하자 여러 기업들이 손을 내밀기 시작했다.

"상호만 빌려달라거나 백화점에 입점하자는 제안도 있었어요. 그런데 지금보다 규모를 늘려서 빵맛을 유지하기란 쉽지 않아요. 어떤 제안이 들어와도 안 할 겁니다."

가맹점은 절대 안 하겠다는 그는 대신 걸어서 2, 3분 근거리에 2호점을 냈다. 지하에 위치해 있지만 본점보다 훨씬 넓고 쾌적한 공간이다. 2호점에 대한 손님들의 첫 반응은 '돈 많이 벌었네'였다. 하지만 돈을 많이 벌어서 2호점을 낸 건 아니다. 손님이 많아지자 가게 주인의 임대료 인상 압박이 들어왔다.

이러다가 어느 날 갑자기 쫓겨나거나 이 동네에서 빵집을 못 할 수도 있겠다는 위기감을 느꼈다. 천신만고 끝에 구한 2호점의 모든 인테리어는 직접 했다. 장사가 끝나면 나무를 자르고 못 박는 일이 한 달 반 이상 계속됐다. 고된 작업이었지만 가게의 모든 인테리어를 내 손으로 했다는 보람도 있었다.

2호점은 1호점보다 더 투박하고 담백한 식사빵이 만들어진다. 영등포 타임스퀘어 3호점은 리브레 커피와 손잡고 만든 신 개념 빵 카페다. 원대한 꿈이 있어서 낸 건 아니다. 평소 좋아하는 후배인 리브레 사장의 권유로 시작한 게 3호점이 됐다.

가맹점을 하지 않는다고 해서 모든 매장의 빵이 그의 손을 거치는 건 아니다. 가게마다 빵 종류도 다르고 만드는 사람도 다르다. 그렇지만 '빵은 움직이지 않는다'라는 철칙만큼은 분명히 고수한다.

권상범 명장도 그랬다. 빵이 움직이면 맛이 변한다고. 그래서 가맹점은 빵맛을 지킬 수 없다고. 내가 말하지 않았나. 둘은 많이 닮았다고!

〈오월의 종〉은 모든 직원이 빵을 만드는 제빵사다. 단 한 명도 제빵사가 아닌 사람이 없다. 빵을 포장하고 계산해 주는 이도 마찬가지다.

"저희 가게는 직원을 뽑을 때 여자도 안 뽑고 남자도 안 뽑는다고
말합니다. 빵 만드는 사람을 뽑는다고 하죠."

빵을 만든 사람이 손님에게 직접 빵을 소개하고 파는 것이 어쩌면
가장 질 높은 서비스가 될 지도 모르겠다. 그도 이태원 시절 초기 3년
을 그렇게 버텨왔다. 손님에게 다소 생경해 보이는 빵에 대해 이야기
하면서 소통한 것이 단골을 만든 비결이었던 것이다. 뭐든 아는 만큼
보이기 마련이니까.

장인의 손끝은 느리다

〈오월의 종〉은 이태원에 문을 연 지 여덟 해나 지났고 연일 줄서야
빵을 살 수 있지만 하루에 만드는 빵의 양은 크게 늘지 않았다. 멀리서

찾아와 줄서고도 허탕을 치는 사람들에겐 불평을 넘어 분노가 치밀기도 한다. 그럼에도 불구하고 일정 생산량을 고집하는 이유가 뭘까?

"지금보다 양을 늘리면 빵맛이 변해요. 호밀빵 같은 경우, 발효부터 반죽까지 일주일 정도 걸리고…. 비교적 재료나 과정이 간단한 바게트나 식빵도 기온이랑 습도에 민감해 손이 많이 가거든요."

나름대로 매일 맛을 일정하게 유지할 수 있는 선에서 한계치를 만들고 있다는 얘기다. 일부에서는 이것이 고도의 마케팅 전략이 아닌지 의심한다.

"그 정도로 머리가 똑똑한 사람은 아니고요. (웃음) 빵에 집중하다 보니까."

그의 꿈은 빵 만드는 일을 오래 오래 하는 것이라고 한다.

"이 일을 오랫동안 즐겁게 하고자 한다면 일단 맛을 유지하는 게 가장 중요할 것 같아요."

이쯤 되면 정웅 사장에게는 수입이나 손님보다 빵 혹은 빵 만드는 일 자체가 더 중요해 보인다. 그래서 〈오월의 종〉에서의 중요도를 순서대로 꼽아보라고 했다. 역시나 1위가 빵이고 2위가 빵 만드는 직원이고 3위가 손님이었다. '손님은 왕'이라고 했는데 겨우 넘버 3라니 손님 입장에선 다소 괘씸하지 않은가?

그러나 나는 그것이 장인의 자질이 아닌가 감히 생각해 본다. 예부터 장인은 고객이나 제자보다 자신의 손끝에서 만들어지는 작품을 더 사랑하지 않았던가. 장인이 공들여 만든 빵을 먹고 싶지 않은 사람은 없을 것이다. 하지만 장인의 빵은 많이 만들어지지 않는다. 그래서 한 정판일 수밖에 없다.

기계로 찍어내는 게 아니라 손으로 한 땀 한 땀 만들기 때문이다. 인내하고 기다리는 사람만이 장인의 빵을 먹게 될 것이다. 그런 빵은 변함없는 품질을 유지할 때 비로소 가치가 생긴다. 정웅 사장이 돈과 손님에게 휘둘리지 않을 때 그 빵은 지켜질 터. 또 어느 정도는 손님 이 지켜줘야 할 몫이기도 할 것이다.

우리동네 미미네

분식의
명품화를 꿈꾸며

― 정은아

  한국인이라면 싫어할 수 없는 음식 몇 가지가 있다. 시금한 김치에 돼지고기를 듬성듬성 썰어 넣고 바글바글 끓인 김치찌개, 살코기를 바싹 튀겨 새콤달콤한 소스를 부어 먹는 탕수육, 동네마다 가게마다 맛과 풍미가 제각각인 떡볶이. 그 밖에도 국민적 사랑을 받는 음식은 많지만 상상만 하다가 침샘이 과다 분비될 것을 심히 우려하여 이하 생략하고자 한다. 특히 유년 시절과 학창 시절에 떡볶이는 간식계의 절대지존이다.

  새끼손가락만한 떡볶이가 열 개 100원 하던 유년 시절에는 노점 철판에서 바로 이쑤시개로 찍어먹고 계산했다. 아무리 날카로운 매의 눈으로 감시해도 조무래기들이 우르르 몰려와 왁자지껄 먹고 있으면

숫자를 헤아리기란 불가능했다. 그런데
도 선불이란 건 없었다. 열한 개를 먹고
도 열 개 값을 치렀고 열두 개를 먹고
도 열 개를 먹었노라고 했다. 어디 나만
그랬을까? 알고도 속아줬던 학교 앞 떡
볶이 아줌마에게 이렇게 빚진 아이들
이 셀 수 없을 것이다.

지금은 국민 간식으로 등극했지만 대한민국에서 떡볶이란 음식을
팔기 시작한 건 100년도 채 되지 않았다고 한다. 60년대 후반에서
70년대 초반, 국가에서 혼분식을 장려하면서부터다. 반백 년밖에 되
지 않은 메뉴지만 그 사이에 어마어마한 발전과 역사가 이루어졌다.

노점과 분식집을 넘어 대기업까지 파고들어 떡볶이 시장은 더 이상
비집고 들어올 틈이 없다. 그런데 2010년, 떡볶이 시장에 혜성같이
나타난 30대 여성이 있었다. 바로 정은아 사장이다.

그는 화려한 도시 여자다. 누가 봐도 떡볶이 장사를 할 거라고 예측
하기 어렵다. 떡볶이집 사장이라는 걸 알기 전, 어느 텔레비전 프로그
램에서 그를 본 적이 있다. 새우튀김 하나로 6억 원을 벌었다고 해서
'6억원 튀김녀'로 주목받고 있었다. 도대체 어떤 튀김이기에? 심지어
그 튀김은 떡볶이집의 사이드 메뉴라니 이 분식집의 정체가 궁금하지
않은가?

"저희 가게 모토는 '분식을 파는 요리집이 되자'입니다. 떡볶이와

튀김은 남녀노소 누구나 좋아하지만 내심 길거리 음식이라는 편견을 갖고 있죠."

길거리에서 파는 작은 음식에도 전통과 문화를 부여하고 잘 포장해서 명품화 시키는 일본을 보고 그도 우리 분식을 그렇게 만들어보고 싶었다고 한다.

"그래서 처음부터 명품 음식으로 만들었습니다."

어떻게? 모든 음식은 조리된 순간부터 맛이 떨어지기 마련이다. 미리 만들어놓은 음식이라는 분식의 편견을 깨기 위해 주문 즉시 음식을 만들었다. 그게 먹혔다. 주문 즉시 조리에 들어가면 기다려야 하는 수고로움이 있지만 그만큼의 보람도 있는 게 사실이다.

맛의 차이가 현저하게 다르니까. 특히 튀김 요리의 경우, 갓 튀겨낸 것과 미리 튀겨놓은 건 황제의 음식과 걸인의 음식만큼이나 맛의 격차가 크다. 기다려서 황제의 음식을 먹을 것인지, 기다리지 않고 걸인의 음식으로 배를 채울 것인지 그 선택은 고객이 할 것이다.

〈우리동네 미미네〉 떡볶이가 대한민국에서 가장 맛있냐고 묻는다면 주저없이 예스라고 대답하기 어렵다. 원래 맛은 주관적이고 상대적이니까. 특히 떡볶이가 그렇지 않은가?

절대로 지인에게
조언을 구하지 마라

정은아 사장은 창업하기 전, 잘나가는 게임 업체의 홍보 담당 직원으로 10년을 일했다. 좋은 회사였지만 채워지지 않는 뭔가가 있었다. 회사원의 미래라는 게 뻔했고 더 늦기 전에 무엇인가를 해보고 싶었다.

"사실 저는 아주 어릴 때부터 음식 장사가 꿈이었어요. 이유요? 그냥 하고 싶었고 멋있어 보였어요."

그는 평소 요리에 관심이 많아서 쇼핑보다 맛집 탐방을 더 즐겼다. 그렇다고 요리를 잘했던 건 아니었다. 하지만 먹는 걸 좋아하고 요리에 관심이 많으면 결국엔 요리를 잘하게 되어 있다.

처음부터 분식 명품화를 꿈꾸면서 떡볶이 장사를 시작했던 건 아니다. 그는 단돈 1,000만 원을 손에 쥐고 장사를 시작했다. 호랑이 담배 피던 시절 얘기냐고? 2009년 창업 당시 얘기다.

또 하나의 장벽은 주변의 반대였다. 30대 미혼 여성이 잘 다니던 직장을 그만두고 떡볶이 장사를 한다고 했을 때 몇 명이나 찬성할까? 모두 반대할 것이다. 모두가 아니라고 말하는 길을 갈 수 있는 건 엄청난 용기와 자신감이 필요한 일이다.

시작은 미약했다. 온수조차 나오지 않는 네 평 규모에, 인천의 시장 귀퉁이에서 떡볶이 가게를 시작했다. 서울에서는 비용도 비용이지만 가족과 주변 사람들의 반대가 격했기 때문에 아는 사람이 없는 낯선

도시에서 혼자 개업을 하기로 한 것. 인천과 무슨 인연이 있어서도 아니다. '서울에서 가장 가까운 대도시'라는 것만 생각하고 무작정 갔다.

무모하고 용감한 선택이었지만 두려움이 없었던 건 아니다.

"매일 매일 내가 과연 할 수 있을까 하는 걱정과 두려움뿐이었어요."

오픈 첫날 총매출은 3만 5,000원이었다. 그것도 가게 주인, 가게를 소개한 부동산 사장 등이 인사치레로 사준 게 절반이었다. 하지만 3만 5,000원 밑으로 떨어진 적은 없으니 희망은 있다고 믿었다. 이후엔 두렵고 자시고 할 시간이 없을 만큼 바빴다.

청소부터 마지막 설거지까지 혼자서 다 해야 하니 하루에 3~4시간 겨우 잤다. 고단한 나날이었지만 그는 당시를 이렇게 회상한다.

"몸은 고생스러웠지만 즐겁고 행복한 시간이었어요."

얼마나 바쁜지 돈을 받고 거슬러주고 할 시간도 없었다. 셀프 돈통을 만들어서 손님이 직접 먹은 값을 집어넣게 했다. 1인 시스템이라 음식을 만드는 손으로 돈을 주고받는 게 비위생적이라고 생각해서 착안한 방법이었는데 이 또한 손님들에겐 신선했을 터.

강하고 단단하게 성장한 외식업체는 정은아 사장처럼 4~5평 정도로 아주 작게 시작하는 경우가 많았다. 그들에겐 한 가지 공통점이 있었는데 지나가던 행인이 어쩌다가 그 가게에 한번 발을 들여놓으면 반드시 단골로 만드는 기술이 있다는 것이다. 그것은 요식업의 3대 요소(맛, 위생, 서비스) 뿐만 아니라 주인만이 갖고 있는 또 한 가지 비법이다.

그는 자신의 경험을 바탕으로 창업을 준비하는 사람들에게 이런 조언을 한다.

"절대 지인에게 조언을 구하지 마세요!"

특히 조심해야 할 것은 무조건 '잘한다! 잘한다!' 하면서 내 편을 들어주는 '의미 없는 칭찬'이다. 그것은 독이다. 소중한 돈만 날리는 지름길이다.

또 대박을 꿈꾸지 말라는 게 정은아 사장의 조언이다.

"장사란 게 유지만 할 수 있으면 성공인 거 같아요. 내 자리에서 열심히 하다보면 어느 순간 기회가 오거든요."

개성 넘치는 떡볶이와 특허 새우튀김

〈우리동네 미미네〉 떡볶이는 국물 떡볶이로 불린다. 젓가락보다 숟가락으로 먹는 게 편하다. 스프를 떠먹듯 떡볶이 국물과 함께 한입 크기의 떡볶이를 떠먹는다. 이전에는 상상하기 힘든 모습이다.

처음부터 국물 떡볶이를 했던 것은 아니다. 시장에서 흔히 사먹을 수 있는 보통 떡볶이로 출발했다. 국물 떡볶이가 탄생한 건 어느 단골손님 덕분이었다.

잘 차려입은 예쁜 아가씨가 자주 떡볶이를 먹으러 왔는데 늘 떡을 소스에 찌익 긁어서 먹곤 했다. 떡볶이를 먹을 때 보통 하는 행동이라 낯선 풍경은 아니다. 조금이라도 더 소스를 많이 발라 먹기 위한 본능일 것이다.

그것을 지켜보던 정은아 사장은 단골손님의 품위를 지켜줄 수 있는 방법이 없을까 궁리를 했다.

"그러다가 생각한 게 숟가락으로 떠서 스프처럼 먹으면 어떨까 하는 거였어요."

떡볶이 소스를 흥건하게 만들어봤는데 반응이 생각보다 좋았다. 숟가락으로 떠먹어야 하니 떡 모양도 한입 크기로 작아져야 했다. 여자에겐 제격이었다. 국물이 흥건하니 튀김을 찍어 먹기에도 안성맞춤이었다. 역시 한국인에겐 국물이 답인가?

〈우리동네 미미네〉만의 특징 가운데 하나는 손님이 요청하면 튀김가루를 내준다는 것이다. 깨끗한 기름으로 튀겨낸 튀김은 가루도 먹을 만하다. 이 또한 손님 덕분에 나온 아이디어다.

어느 날 한 커플이 떡볶이를 먹으러 왔는데 주머니가 가벼웠던지 떡볶이 1인분을 앞에 두고 사이좋게 나눠먹었다. 그러다가 여자친구가 튀김도 먹고 싶다고 하니 남자는 주뼛거리면서 "튀김가루 좀 주실 수 있나요"라 물었고 정은아 사장은 기꺼이 내줬다. 떡볶이 소스에 튀김가루를 범벅 해서 먹은 커플은 '너무 맛있다'고 좋아했다. 이후 요청하는 손님들에게는 튀김가루를 서비스로 준다는 것이다.

사실 〈우리동네 미미네〉 튀김은 분식집 튀김치고는 좀 비싼 편이다. 원가 대비 비싸다고 할 수는 없지만 주머니가 가벼운 젊은 고객이 부담 없이 먹을 수 있는 가격은 아니다. 그런 면에서 튀김가루 서비스는 착한 마케팅임에 틀림없다.

그는 끊임없이 고객을 관찰하고 고객을 위한 메뉴를 발전시켜왔다. 장사의 답은 언제나 고객이 갖고 있다.

음식 분야에는 특허가 거의 없다. 아니 특허 받기가 힘들다. 이는 우리나라뿐만 아니라 다른 나라도 마찬가지다. 그래서 정은아 사장이 새우튀김 특허를 갖고 있다고 하면 다들 깜짝 놀랐다. 특히 새우튀김에 열광하는 일본 외식업체는 놀라 자빠진다.

정은아 사장이 보유하고 있는 특허명은 '새우의 원래 모양을 유지하는 튀김가공 방법'이란다. 새우를 머리에서 꼬리까지 다 튀긴, 통새우튀김 특허다. 한국뿐 아니라 중국과 일본에서도 특허를 따냈다.

새우를 머리에서 꼬리까지 통째로 다 먹으면 콜레스테롤을 걱정할 필요가 없다는 사실은 다들 알고 있을 터. 사람들이 새우 머리를 먹지 않는 문제도 있지만 실은 유통 편의 때문에 우리는 머리와 꼬리 없이 새우 속살만 먹는 거라고 정은아 사장은 말한다.

"새우는 머리가 가장 맛있는데 머리 모양을 그대로 유지하면서 새우를 튀기는 방법이 없어 다들 머리를 버렸죠. 새우를 통째로 튀기기 위해 하루에도 수백, 수천 번 새우를 손질하고 다듬으면서 방법을 찾게 됐어요. 아니, 새우가 답을 줬다고 생각해요."

특허는 상징적인 것이다. 내가 만든 음식에 별 하나를 다는 것이다.

노점이라도 벤치마킹

정은아 사장이 롤 모델로 삼았던 튀김 가게가 있었다. 10여 년 전 중앙대 앞에서 장사하던 작은 노점이었다. 지금은 영업을 하지 않는지 〈우리동네 미미네〉를 창업한 이후 몇 번을 들렀는데 없었다고 한다.

당시 아주머니가 혼자 운영하시던 그 노점은 호박, 오징어, 버섯 등 특별한 메뉴 없이 모든 걸 다 튀겨냈다. 그러나 방식은 좀 달랐다. 예를 들면 이런 식이다. 노점을 중심으로 손님이 빙 둘러서 있고 주인이 묻는다.

"이번엔 버섯을 튀깁니다. 드실 분?"

먹겠다고 손을 든 사람의 머릿수만큼만 튀김 솥에 들어간다.

"이번엔 새우 튀깁니다. 이거 떨어지면 오늘 새우튀김은 매진입니다."

깨끗한 기름으로 제철 식재료를 그렇게 바로 튀겨 먹는데 어떻게 맛이 없을 수가 있겠나?

매일 새 기름을 썼고 대부분 그날 갖고 나온 식재료는 다 털고 들어갔다. 신선하고 충격적인 영업 방식이었다.

처음 서울로 입성했을 때 정은아 사장도 이 방식을 도입한 바 있었다. 하지만 너무 불편하다는 손님의 민원이 쏟아져 포기할 수밖에 없었다. 지역적인 특성 때문이었을 것이다. 중앙대는 전형적인 학교 앞 분위기라 손님과 주인이 화기애애한 분위기가 있었을 터. 홍익대 쪽은 전통적으로 낯가리는 손님이 많은 편이다. 그래서 다소 무심한 가게를 편하게 생각한다.

제철 식재료로 다양한 종류의 튀김을 선보이기도 했지만 손님이 찾는 튀김은 한정되어 있었기 때문에 팔리지도 않는 튀김을 계속 고수하기는 쉽지 않았다. 결국 사랑받는 튀김은 몇 종만 남게 되었다.

그러고 보면 가게의 규모와 특성에 맞는 영업 방식이라는 게 따로 있는 거 같다.

창업 1년 만에
서울로 금의환향

정은아 사장은 창업 1년 만에 서울로 금의환향했다. 돈도 벌었다. 파워블로거들 사이에서 입소문을 타면서 삽시간에 맛집으로 도배가 됐고 인천으로 떡볶이랑 튀김을 먹겠다고 몰려오는 인파가 줄을 이었다. 혼자 장사하는 네 평짜리 떡볶이 가게에서 하루 매출 80만 원을 팔아본 적이 있었다.

"그날 울 뻔했어요."

벅차고 감동적이어서가 아니다. 죽도록 힘들어서였다. 스스로도 힘들었지만 멀리서 〈우리동네 미미네〉 음식을 먹겠다고 온 손님한테 못할 짓이라는 생각이 들었다. 손님은 '어서 오세요'라는 인사도 제대로 받을 수 없었고 오래 기다려야 했으며 간혹 밀려드는 주문으로 주인이 주문을 빼먹기도 했다.

이런 대접을 받는다면 아무리 맛난 음식을 먹어도 유쾌할 리가 없다. 가게 규모에 맞춰서 손님이 와야 음식을 잘 먹었는지 물어도 보고 눈을 맞추면서 또 오라고 얘기할 수도 있다. 좁아터진 떡볶이집의 갑작스런 대박은 축복이 아니라 재앙이었다.

분식업계에 혜성처럼 나타나 승승장구하면서 창업 5년 만에 대형 분식집과 어깨를 나란히 하게 됐지만 삐끗한 경험이 없었던 것은 아니다. 인천 네 평 가게에서 서울 25평 가게로 처음 확장 이전했을 때다.

인천 시절을 생각하면서 직원 한 명을 두고 영업을 시작했다. 그러나 그것은 오만이었다. 절대적으로 손이 부족해 만족스러운 음식 수준을 내놓을 수가 없었다. 스스로 만족할 수 없으니 고객 또한 마찬가지였을 터. 그는 거기서 결단을 내렸다. 아예 문을 닫은 것이다. 그리고 다시 시작했다. 25평 규모에 맞게 직원을 추가로 뽑았고

영업 철학에 맞도록 교육시켰다. 그리고 완벽하게 준비가 끝난 후 재오픈했다.

떡볶이는 한국을 찾는 외국인이 가장 많이 찾는 음식 중 하나라고 한다. 한국인 아내를 둔 헐리우드 스타 니콜라스 케이지(Nicolas Cage)도 한국에 와서 처음 맛본 음식이 떡볶이였다. 2014년 방한한 미국 존 케리(John Kerry) 국무장관도 통인시장에 가서 기름 떡볶이를 먹어 화제가 된 바 있다.

정은아 사장은 떡볶이 한류를 꿈꾼다. 세계적인 분식 아카데미를 설립하는 것이 꿈이다.

"파스타를 배우러 이태리로 가고 초밥을 배우러 일본으로 가는 것처럼 세계인이 한국으로 떡볶이를 배우러 오도록 만들고 싶어요. 그게 제 꿈이에요."

생각만 해도 설레는 일이다.

단골손님에게 다소 안타까운 일은 가게에서 정은아 사장의 얼굴 보기가 어려워졌다는 것이다. 〈우리동네 미미네〉는 거대한 외식업체로 성장해나가고 있고 가맹점도 많이 만들어지고 있다.

더 많은 사람들이 '요리하는 분식집'의 떡볶이와 튀김을 먹을 수 있
다는 것은 좋은 일이다. 〈우리동네 미미네〉 음식을 먹으러 먼 나들이
를 하지 않아도 되니 그것도 큰 장점이다. 하지만 손님 한 분 한 분을
애정 어린 시선으로 살펴주는 일은 불가능해진다. 단골집의 성장을
달가워하지 않는 이유다.

순대실록

장사에 대한
환상을 버려라

— 육경희

'순대'하면 생각나는 시가 있다.

'혼자라는 건 / 실비집 식탁에 둘러앉은 굶주린 사내들과 / 눈을 마주치지 않고 식사를 끝내는 것만큼 / 힘든 노동이라는 걸 / 고개 숙이고 / 순대국밥을 먹어본 사람은 알지…'

— 최영미 '혼자라는 건'

혼자 먹어도 좋은 음식이 순댓국이다. 그것은 화려한 싱글라이프가 아니라 지리멸렬한 삶에 지친 초라한 싱글들의, 혼자라는 지독한 외로움을 채워줄 음식이다. 순댓국은 인생을 좀 아는 사람들의 음식이다.

그런데 대학로에서 젊은이들을 줄 세우는 순댓집이 있다. 파스타, 숯불고기, 쌀국수 등 젊은이들이 좋아하는 메뉴가 즐비한 대학로에서 그들은 왜 굳이 순댓국집에 줄을 서는가. 이유는 간단하다. 젊은이들의 입맛을 사로잡았

기 때문이다. 가게 인테리어도 기존 순댓국집과는 사뭇 다르다. 그렇다고 퓨전 순대냐 하면 그것도 아니다. 물론 퓨전화 된 순대도 있기는 하지만 〈순대실록〉은 전통 순대를 표방한다.

백암 순대, 아바이 순대, 병천 순대 등 우리에게 익숙한 전통 순대도 아니다. 조선시대 조리서 '시의전서(是議全書)'를 토대로 전통 순대를 복원했다.

내가 먹을 수 있는 순대를 만들자

육경희 사장은 한눈에 봐도 순댓집과는 어울리는 사람이 아니다. 금수저 물고 태어나 고생을 모르고 사는 사모님 같은 비주얼을 자랑한다. 아니나 다를까 그는 원래 순대를 싫어했다고 한다. 순대에 열광하지 않을 수는 있지만 순대를 싫어하는 사람이 어떻게 순댓집을 하게 됐을까?

대학로에서 면 전문점을 하던 육경희 사장에게는 오랫동안 눈독을 들이던 가게가 있었다. 사람들 발길이 끊이지 않는 '동숭아트센터' 바로 앞이라는 것도 좋았고 특히 멋진 테라스가 마음에 쏙 들었다. 그러던 차에 그 가게가 갑작스럽게 매물로 나왔다. 아무런 준비가 안 된 상태였지만 무조건 계약했는데 그 집이 하필 순댓집이었다.

젊은이들이 바글거리는 대학로에서 테라스가 있는 멋진 가게, 거기에 걸맞게 그는 뭔가 다른 메뉴를 하고 싶었다. 하지만 갖고 있는 걸 모두 털어서 가게를 인수한 터라 업종을 변경할 경제적 여력이 없었다.

맛, 위생, 서비스 등 여러 가지 부분에서 기본이 안 돼 있던 가게였지만 어차피 임대료는 나가고 급한 것만 정비해서 일단 영업을 하기로 했다.

"대충 유지만 하다가 돈이 모이면 새로운 걸 해보려고 했어요."

그런데 웬 걸? 그런 상황에서도 장사가 꽤 잘됐다. 끼니때는 배를 채우려는 손님들이 자리를 채웠고, 저녁에는 술안주로 아침에는 해장하러 오는 손님들로 가게는 꾸준히 돌아갔다. 손님의 연령대 역시 남녀노소를 가리지 않았다.

"손님들을 보면서 순대란 음식은 과거에도 먹었고 지금도 먹고 있고 미래에도 분명 먹게 될 진정한 소울푸드라는 생각이 들었어요."

서양의 소시지도 순대와 같은 맥락을 가진 음식이다. 우리는 선지의 유무 여부로 진짜냐 아니냐를 따지지만 순대의 정의는 단순하다. 동물의 내장에 소를 채워 만들면 순대다.

순대의 무한한 가능성을 확신한 육경희 사장은 순대의 롤 모델을 찾고 싶어서 3~4개월간 전국의 내놓으라하는 순댓집을 순회했다. 하지만 마음을 사로잡는 순대가 없었다.

"나는 어떤 순대를 만들어야 하나 고민에 빠졌죠. 도서관으로 달려가서 순대에 관한 책이란 책은 다 뒤졌어요. 그러다가 '시의전서'라는 조선시대 요리책에서 순대 레시피를 찾았고 그대로 재현해 봤습니다."

'시의전서'는 조선시대 후기 조리서로 이 책에 '도야지 순대'라는 단어가 등장하는데 돼지 순대의 조리법까지 적혀 있어서 재현해 봤다고 한다. 숙주, 미나리, 무, 배추김치, 두부, 파, 생강, 마늘을 다져넣고 깨소금, 기름, 고춧가루, 후춧가루 등 각종 양념을 섞어 선지와 함께 주물러, 깨끗이 씻은 돼지 창자에 넣고 쪄냈다.

그러나 막상 만들어보니 맛이 없었다. 고민 끝에 식감을 높여주는 양배추와 당면 등 현대 재료와 양념을 가미해 자신만의 순대를 만들었다.

"기본에 충실한 전통 순대라고 할 수 있죠."

신선한 식재료에 특히 신경을 쓴다는 그는 주재료가 되는 돼지 부속물은 도축한 지 하루가 지나지 않은 신선한 것만 쓰는 것을 원칙으로 한다.

순댓국을 만드는 육수는 사골과 머리고기를 고아 뽑아내는데 육수를 내는 솥은 365일 불이 꺼지지 않는다. 제대로 된 육수가 그렇듯 졸이고 졸여 다시 물을 보충하는 방식으로 만든다. 거기에 토굴 새우젓, 함초소금, 토판염(전통 방식으로 생산하는 천일염) 등을 양념으로 제공한다.

육경희 사장의 순대 철학은 하나였다.

"내가 먹을 수 있는 순대를 만들자!"

유난히 비위가 약했던 그는 '내가 먹으면 누구라도 먹을 수 있을 것'이라고 확신했다. 그러나 '누구라도'라는 말 앞에는 '순대를 먹지 않는', '순대를 좋아하지 않는'이라는 말줄임표가 붙는다. 오랫동안 순대를 먹어온 순대 마니아에게 육경의 사장의 순대는 너무 가벼웠다. 자고로 순대란 순대 고유의 향과 맛이 있어야 한다는 게 그들의 고집인 것이다.

"그런 분들은 이게 무슨 순대냐는 말을 하기도 하세요."

장사에 대한 환상을 버려라

〈순대실록〉에는 전통 순대만 있는 것이 아니다. 현대적인 맛과 감각을 접목한 신 메뉴도 선보이고 있는데 철판에 구워먹는 '순대 스테이크'가 대표적이다. 대학로에 물결치는 저 많은 젊은이들에게 어떻게 하면 순대를 먹일 수 있을까 고민하
다가 '순대를 구워보자'고 해서 탄생한
메뉴다. 대학로 맛집으로 입소문을 타
고 젊은이들이 줄을 서기 시작한 효자
상품이기도 하다.

철판에 구워먹는 '순대 스테이크'는
선지를 빼고 서리태, 땅콩, 잣, 해바라기
씨 등 견과류와 마늘, 표고버섯으로 채
운 순대다.

순댓국 하면 소주가 떠오르기 마련
이다. 그러나 이 식당에는 맥주가 있다. 그것도 맥주 전문점 못지않은
수준의 생맥주와 세계 맥주를 구비하고 있다.

"순대에 무슨 맥주냐고 처음엔 다들 반대했어요. 하지만 순대는 소
시지와 닮았고 젊은 사람들은 소주보다 맥주를 선호하니까 충분히 승
산이 있다고 생각했습니다."

빈대떡엔 막걸리, 삼합엔 소주, 치킨에 맥주인 것처럼 술과 안주에
도 궁합이 있다. 물론 영양학적 궁합은 아니다. 우리 정서에 순대 하
면 소주라는 공식이 너무나 뿌리 깊다. 아무리 젊은 사람이라고 해도
무조건 맥주를 찾지는 않았을 터.

"그래서 3개월 동안 생맥주 한 잔씩 공짜로 줬죠. 처음에는 안 마시
겠다는 사람도 있었어요. 하지만 한번 먹어보면 알아요. 순대와 맥주

는 찰떡궁합이라는 걸 말이죠."

그렇게 순대와 맥주가 〈순대실록〉의 트레이드마크가 됐다.

지금은 〈순대실록〉이 오후 다섯 시부터 웨이팅이 걸리는, 줄 서는 순대 전문점이 됐지만 정말 죽을 만큼 어려웠던 시절도 있었다.

1990년대 학원 사업을 하던 육경희 사장은 남편을 따라 지방으로 내려가면서 어린이 문화운동을 하고 있었다. 30대 후반 무렵 주머니에 돈이 좀 생기면서 시작한 것이 유기농 아이스크림 가게였다.

그때가 2003년 5월이었다. 장사에 대한 공부와 준비보다 로망만 가지고 시작했으니 처음부터 끝이 보이는 장사였다. 직접 한 것도 아니고 가맹 사업이었다. 10여 년 전 대학로에서 보증금 5억에 월 임대료가 2,500만원이었다. 입이 벌어지다 못해 턱이 빠질 일이다.

아이스크림 팔아서 그걸 다 유지하려면 도대체 몇 개를 팔아야 하는 걸까? 그런 가게에서 하루 매출이 30여 만 원. 경제관념이 없던 터라 임대료가 비싼 건지 하루에 얼마를 팔아야 월세라도 낼 수 있는지 전혀 몰랐던 것이다.

한 달 한 달 버티기도 힘들었다. 엎친 데 덮친 격으로 8개월 만에 가게에 불이 나서 그나마도 모두 잿더미가 됐다. 그의 인생에서 그렇게 많이 울어본 적이 없었다. 그런데 식당은 불이 한 번 나면 대박이 난다는 말이 있지 않던가?

"저도 들은 적 있어요. 그런데 그냥 속설이었나 봐요. (웃음) 그 후로도 고생 많이 했거든요."

육경희 사장은 갖은 걸 잃기만 한 게 아니라 엄청난 빚더미에 올라 앉았다. 처음 하는 장사에 수업료를 지급했다고 하기에는 너무 큰 대가였다.

이 때문에 창업을 준비하는 사람들에게 육경희 사장이 가장 먼저 조언하는 것은 '장사에 대한 환상을 버리라'는 것이다.

"성공 확률보다 실패 확률이 수십 배 더 높고 장사가 안 될 때 어떻게 할 것인지에 대한 대안을 갖고 시작해야 한다는 것도 실패를 통해 배웠습니다."

그래야 수업료를 덜 내게 될 것이다.

"내가 파는 음식에 대해서는 박사가 돼야 합니다. 그만큼 깊이 있는 공부가 필요하죠."

음식을 모르면서 음식을 파는 것도 문제고 내가 파는 음식에 대해서 제대로 모른다면 장사할 자격도 없다.

그런데 사람이 죽으라는 법은 없나보다. 불이 난 가게의 건물주가 제안을 해왔다. 불이 난 가게에서 음식점을 하면 투자를 해주겠다는 것이었다. 큰 빌딩의 1층에 불이 나 흉물스럽게 되었으니 누구도 들어올 엄두를 못 내고 있었을 터. 갈수록 세는 떨어지고 들어오겠다는 사람은 없었으니 건물주로서는 고육지책이었을 것이다.

그래서 1년 후 오픈한 가게가 바로 '남도이야기(2004~2008년)'라는 한정식 집이다. 한식도 제대로 모르고 남도 음식이란 건 더더욱 모르던 사람이 식당을 냈으니 됐을 리가 없다.

처음 1년은 파리만 날렸다. 역시나 엄청난 손해를 봤다. 연이은 실패로 그는 삶의 벼랑 끝에 섰다. 더 이상 추락할 수는 없다고 생각한 육경희 사장은 배낭 하나를 메고 전국 방방곳곳 한식집을 순회했다. 유명한 맛집은 물론이고 어디가 맛있다는 풍문만 들려도 달려가서 음식을 먹어보고 연구했다.

그런 노력 끝에 '남도이야기'가 어느 정도 맛을 잡고 대학로에서 나름대로 입지를 굳혀가고 있을 무렵 또 다른 장애물이 나타났다.

바로 하루가 다르게 치솟는 임대료. 결국 엄청난 임대료를 감당하지 못해 쫓겨나다시피 했다.

"대출받고 빚 얻어 시작한 장사라 사채업자의 협박에 시달리기도 했죠. 하지만 그보다 힘들었던 건 갖은 돈을 다 까먹자 가족에게 외면당했던 것입니다."

남부럽지 않은 아파트에서 살다가 전셋집으로 더 작은 전셋집으로 이사했고 결국 월세로 밀리면서 '모든 게 네 탓'이라는 비난이 쏟아졌다. 더불어 어르신들은 음식 장사에 대한 편견이 심해 더더욱 힘들었다.

당시 빚 진 돈이 20억. 육경희 사장은 앞뒤로 절벽에 서 있는 막막한 기분이었다. 어느 때보다 가족의 응원이 필요할 때지만 응원은 고사하고 수많은 질책과 비난을 받으면서 사투를 벌여야 했다.

물론 이제는 많이 변했다. 쿡방 열풍으로 시댁 어르신들도 예전과 달리 '식당'에 대한 편견을 갖고 있지 않지만 여전히 불만은 남아 있다. 그래서인지 아직도 가게 근처엔 얼씬도 하지 않으신다.

가맹은 No! 공부는 Yes!

'남도이야기'를 하던 육경희 사장은 모든 반찬의 맛을 매일 제대로 내기가 쉽지 않다는 것을 알게 됐다.

"반찬 가짓수가 너무 많아 다 내 손을 거칠 수 없었고 완벽하게 나가지 못한다는 것에 대한 안타까움이 있었어요."

그래서 생각한 것이 단일 메뉴 전문점이었다.

"한 가지 음식만 한다면 잘할 수 있지 않을까 생각했어요. 노포들의 특징 역시 단일 메뉴잖아요."

생각한 김에 바로 실천에 옮겼다. 뜻이 맞는 동업자와 손잡고 대학로에 돼지고기 전문점을 낸 것. 처음 1년은 고전을 면치 못했지만 수익을 내기 시작하자 '남도이야기'는 과감하게 정리했다. 과도한 임대료 때문에 앞으로 남아도 뒤로는 밑지고 있었기 때문이다.

그리고 그 보증금으로, 내친 김에 짬뽕 전문점까지 진출했다. 역시 대학로에 2008년 문을 연 짬뽕 전문점은 성공의 발판을 마련해줬다. 그만큼 장사가 잘됐다.

이후 육경희 사장은 국수 전문점, 파스타 전문점 등 면 전문점으로 대학로를 주름잡았다. 각기 다른 메뉴로 여러 개의 식당을 운영했지

만 한정식집 하나를 할 때보다 수월하게 느껴졌다. 단일 메뉴라 그렇기도 했지만 그만큼 장사 근육이 붙었기 때문일 것이다.

한 가지 궁금한 것이 있었다. 한정식 집을 하면서 빚더미에 앉은 사람이 어떻게 다른 사업에 또 손을 댈 수 있단 말인가? 너무 무모하지 않은가?

"맞습니다. 주변에서 다들 너무 무모하다고 혀를 내두릅니다. 제 무모한 도전에 겁을 먹고 실제로 떠난 직원도 있죠. 하지만 저는 제가 확신하는 일에는 망설이지 않습니다. 아마 타고난 성품인 것 같아요."

다시 그 시절로 돌아간다고 해도 똑같이 도전할 것이고 앞으로도 확신이 든다면 망설임 없이 도전할 것이라는 그는 남다른 패기와 용기를 가진 사람임에 분명하다. 웬만큼 간이 커서는 도저히 그의 행보를 따라 잡기 어려울 것이다.

대학로에 각기 다른 메뉴로 식당을 여러 개 갖고 있는 육경희 사장은 가맹점에는 관심이 없다고 한다.

"제가 가맹점의 최대 피해자잖아요. (웃음) 아직 우리 가게는 동반 성장이 어려운 구조고 가맹점보다 직영점으로 다양한 메뉴를 시도하는 것이 저와 맞는 것 같아요."

이것이 돼지고기 전문점, 짬뽕 전문점, 국수 전문점 등을 접은 이유다. 처음 뜻을 같이 했던 동업자는 거대한 프랜차이즈 기업으로의 성장을 꿈꿨고 그것이 자신의 장사 철학과 맞지 않았던 육경희 사장은 동업자와 결별하면서 그 가게들도 함께 정리했다. 그리고 자신의 역량에 맞는 전문점으로 새롭게 도전을 시작한 것. 그중 하나가 바로 오늘의 순대 전문점 〈순대실록〉이다.

소시지와 순대는 사촌지간이라고 생각한 그는 순대에 대해 더 깊이 있게 공부하기 위해 얼마 전 세계 소시지 기행을 다녀왔다. 외국에도 순대와 비슷한 음식이 많았고 영국 블랙푸딩은 우리 순대와 모양새까지 닮은 것에 놀랐다.

여행 후 그는 순대가 전 세계인의 입맛을 사로잡을 수 있다는 확신을 가졌다. 외국은 순대라는 음식이 사라져 가는 게 추세인데 우리나라는 지방마다 다양한 전통 순대로 또 순대 전문점으로 심지어 길거리 간식으로까지 대중적인 사랑을 받고 있으니 상대적으로 발전 가능성이 더 높다는 것이다.

소시지처럼 세계인이 우리 순대를 즐긴다면 얼마나 좋을까? 상상만 해도 기분 좋은 일이다. 특히 젊은이들이 열광하는 〈순대실록〉의

'젊은 순대'는 세계화의 초석을 다지는 데 큰 도움이 될 수 있을 것이다. 세계인이 순대를 먹는다면 다음 선수로 곱창이 기다리고 있고 그들이 순댓국을 시도했다면 곰탕 설렁탕 역시 해볼 만할 것이다.

카카오봄

장인(匠人) 으로
살아라

— 고영주

100년간 아무런 변화가 없는 프랑스의 작은 마을. 바람이 몹시 부는 어느 우중충한 날, 한 여성이 딸과 함께 홀연히 나타나 초콜릿 가게를 연다. 마을 사람들은 낯선 이들에게 경계심이 많았지만 일단 여인의 초콜릿을 맛보고 난 후 매력에 빠져들고 만다. 그리고 그들의 삶은 바뀌기 시작한다. 노인들은 활기를 찾으면서 뜨거운 사랑을 갈구하고 위기를 맞았던 연인들은 다시금 로맨틱한 사랑에 빠져든다. 불화가 끊이지 않던 이웃들은 서로에게 손을 내민다.

프랑스 여배우 줄리엣 비노쉬(Juliette Binoche)가 주연했던 영화 〈초콜릿(Chocolat)〉의 내용이다. 그때까지 내게 초콜릿 가게의 이미지는 이런 것이었다. 하지만 〈카카오봄〉을 만난 이후, 진짜 초콜릿 가게를 그릴 수 있게 되었다.

2000년대 중후반 홍대 인근에 살 때였다. 당시 나는 거의 매일 홍대 골목골목을 휘젓고 다니면서 새로 생긴 가게가 눈에 띄면 기웃거리곤 했다.

〈카카오봄(CACAOBOOM)〉은 네덜란드어로 '초콜릿 나무'라는 뜻이다. 옛 '이리카페' 바로 옆 건물 1층에 자리하고 있다. — '이리카페'는 주말마다 인디밴드 공연도 펼쳐지고 다양한 출판기념회도 열리는 유명한 카페다. 하지만 홍대 일대의 치솟는 월세를 감당하기 어려워 상수역 한강 쪽으로 이전한 지 오래되었다 — 당시 그 골목은 번화가와 거리가 먼, 꽤 외진 골목이었으며 초콜릿 전문점이라는 표현 자체도 생소한 시절이었다.

사실 나는 초콜릿을 별로 좋아하지 않았다. 동네 슈퍼마켓에서 밀크 초콜릿이나 사 먹던 내가 진짜 초콜릿 맛을 알 리가 있었으랴. 지금은 초콜릿에 홀딱 빠졌지만…. 여하튼 그 시절 초콜릿 가게는 나에게 그다지 매력적인 장소가 아니었다.

하지만 〈카카오봄〉은 달랐다. 까만 초콜릿이 빙글빙글 돌아가는 미니 콘칭 머신은 굳이 설명하지 않아도 이 가게에서 초콜릿을 직접 만들고 있다고 말하고 있었고, 진열된 초콜릿들은 '나 수제야'를 온몸으로 외치고 있었다. 디스플레이용이 아니라 그야말로 먹음직스러운 초콜릿이었다.

　침샘이 찌르르 소리를 내면서 자극이 되어 몇 개 사려고 초콜릿을 집어 들었다가, "헉!" 가격표를 보고는 조용히 내려놓았다. 너무 비쌌다. 망설이다가 가장 저렴한 초콜릿으로 골랐다. 그것도 비싸다고 생각했지만 먹고 나서는 돈이 아깝지 않았다. 물론 초콜릿 몇 개에 몇만 원 하는 고가의 초콜릿을 골랐다면 말이 달라지겠지만.

　지금은 초콜릿을 좋아하고 그 재료에 대한 가치를 알게 됐지만 나는 아직도 고가의 초콜릿을 내 돈 주고는 사 먹지 못한다. 초콜릿은 나를 위한 작은 사치다. 가격 대비, 맛 대비 적정 수준에서 소비하는 게 제일 좋다고 생각한다. 한 끼 식사 값으로 한 입짜리 초콜릿을 어찌 먹겠나. 미식가가 되기에 나는 여전히 가난하다. 아니, 인색한 것일까?

들어는 봤나,
국내 1호 쇼콜라티에

〈카카오봄〉에 가면 키가 크고 짧은 커트 머리를 한, 점원인 듯 점원 같지 않은 사람이 손님을 맞이한다. 다른 점원과 마찬가지로 늘 앞치마를 두르고 있고, 특별하지 않은 날에도 가게를 지키는 그 사람이 바로 한국 쇼콜라티에 1호 고영주 사장이다.

'쇼콜라티에(chocolatier)'는 초콜릿의 프랑스어인 '쇼콜라(chocolat)'에서 파생된 용어다. 영어로는 초콜릿 아티스트(chocolate artist)라고 불린다. 고영주 사장은 프랑스어를 몰라 '초콜릿티어'란 호칭을 썼다고 하는데, 지금은 새로운 호칭을 만들어냈다고 한다. 바로 '초코리언(chocolian)'. 초콜릿별에서 온 초코리언들이 만드는 초콜릿이라니, 이 얼마나 초콜릿스러운가.

〈카카오봄〉은 벨기에 초콜릿을 표방한다. 벨기에는 초콜릿으로 유명한 나라다. 전 세계적으로 명성을 자랑하는 고디바(Godiva), 길리안(Guylian), 노이하우스(Neuhaus) 모두 벨기에 초콜릿이다. 벨기에에는 아주 작은 동네 ─ 우리로 치면 면 단위 ─ 에도 초콜릿 전문점이 4~5개 정도도 있다. 대를 이어 수백 년간 초콜릿 가게를 운영하는 집도 많다.

벨기에 사람들은 얼마나 초콜릿을 많이 먹기에 그렇게 초콜릿 가게가 많은 걸까?

"벨기에 사람들은 핏속에 초콜릿이 흐르는 거 같아요. 평소에는 평

범한 초콜릿을 먹고, 특별한 날에는 장인이 만든 비싼 초콜릿을 지인에게 선물합니다. 아기가 태어나도 초콜릿 꾸러미를 나눠주고, 유치원에서 생일파티를 할 때도, 친구들과 나누는 티타임 중에도 늘 초콜릿이 있어요."

8년간 벨기에서 생활했던 고영주 사장의 말이다. 집을 방문하는 손님들도 하나같이 초콜릿 상자를 들고 오는 걸 보고 처음엔 우리나라처럼 휴지나 세탁비누 같은 실용적인 선물로 주면 얼마나 좋을까라고 생각했단다.

벨기에는 맥주 안주도 초콜릿이다. 치느님 숭배자들이 들으면 역정낼 일이지만, 벨기에 맥주는 산미가 강하기 때문에 초콜릿은 환상궁합! 먹어보지 않은 사람은 말을 말라는 게 경험자들의 얘기다. 문제는 산미가 강한 벨기에 맥주는 고가라는 것.

벨기에는 초콜릿을 국가 산업으로 키우기 때문에 외국인에게 교육의 기회를 주지 않는다. 그런데 고영주 사장은 어떻게 벨기에 초콜릿을 배우게 됐을까?

"남편을 따라 벨기에로 이민을 가서 8년을 살았어요. 대학 과정이 아니면 유학생을 받아주지 않는 나라인데, 저는 합법적으로 거주할 수 있는 비자가 있었죠. 그래서 배우게 됐어요. 학비도 거의 무료였어요. 생각해 보면 운이 좋았어요."

한국에서 유치원 교사로 일하던 그는 1994년 벨기에로 유학을 가는 남편을 따라 갔다가 초콜릿의 매력에 푹 빠졌다. 벨기에 초콜릿은 한국에서 먹어본 초콜릿과는 맛 자체가 달랐다. 맛도 맛이지만, 벨기에 사람들이 초콜릿을 즐기고 대하는 모습도 인상적이었다.

고영주 사장은 2000년 6월 벨기에 PIVA 호텔학교에 입학했다. 전 세계에서 유일하게 1년 과정 초콜릿 전문 교육을 하는 곳이란다. 보통 6개월 이하 혹은 제과제빵 과정 중 일부 강좌로 초콜릿을 가르치는 곳과는 차별화된 학교다. 그는 이곳에서 초콜릿 전문 과정을 수료했지만 워킹비자가 없어 벨기에에서 실무 경험을 갖지 못한 것이 못내 아쉬움으로 남는다.

"서른 중반쯤 한국으로 돌아왔는데, 우리나라 사람들은 수제 초콜릿이 있다는 사실조차 모르는 경우가 많더라고요."

그때가 2001년이었으니 어쩌면 당연했다. 서울 등 수도권에서만 커피 전문점 스타벅스가 막 기지개를 펴고 있을 무렵이었다. 여자들이 디저트로 치즈케이크를 먹던 것도 그 이후 일이다.

유학 가는 남편을 따라 벨기에에 가서 초콜릿 기술을 배워온 재원이자 대한민국 1호 쇼콜라티에. 돈 많은 사모님의 유희라고 생각하는 사람도 있겠지만 그건 아니었다. 고영주 사장은 벨기에에서 이혼의

아픔을 겪고 아이들만 데리고 귀국했다. 지금이야 흔하디 흔한 일이고 당시에도 이혼이라는 게 특별한 시절은 아니었지만, 경력이 단절된 30대 중반의 여자가 아이를 키우면서 살아가기란 그리 수월치 않았다.

당시 그는 집도 절도 없는 무일푼인 데다 양육을 도와줄 조력자도 없는 상황이었다. 결국 아이들은 시댁에서 데려갔고 그는 생계를 이어갈 일자리를 찾아야만 했다.

"그 시절 제 유일한 꿈은 그게 어디든, 반지하든 옥탑방이든 아이들과 한 집에서 사는 것이었어요."

한국에서 초콜릿 수요를 찾지 못하고 헤매던 그는 구사일생으로 일자리를 얻게 됐다. 부산 파라다이스 호텔의 초콜릿 전문가 자리였다. 서른을 훌쩍 넘긴 데다 경력도 없는 아줌마가 어떻게 호텔에, 그것도 초콜릿 전문가라는 생소한 직업으로 취업을 할 수 있었을까?

당시 그 호텔에는 벨기에인 총지배인이 막 부임한 상황이었다. 초콜릿의 나라에서 왔으니 초콜릿의 가치를 누구보다 잘 알겠지만, 그만큼 그의 입을 만족시키기도 쉽지 않았을 것이다. 하지만 고영주 사장은 불가능할 것 같은 그 일을 해내고 당당히 대한민국 1호 쇼콜라티에가 됐다.

"내가 찾아가서 쇼콜라티에가 필요한 이유를 설명하고 그들을 설득했죠. 결국 없던 자리를 만들어냈어요. 호텔의 초콜릿 제조실에 첫발을 내딛던 순간은 지금도 잊을 수 없습니다. 제게는 역사적인 순간이었으니까요."

우리 것은 소중한 것이여

일본인이 많이 오는 호텔이라 초콜릿은 그런대로 잘 팔렸지만 소수의 사람들만을 위해 초콜릿을 만들어야 하는 현실이 아쉬웠다. 더 많은 사람들이 초콜릿을 즐길 수 있었으면, 내 기술을 전파해서라도 수제 초콜릿 시장이 형성되었으면, 우리나라에도 질 좋은 초콜릿과 함께 초콜릿을 즐기는 문화가 전파됐으면 하는 소망들이 생겼다.

소망은 갈수록 커져 결국 1년 6개월 후 2003년 홍대 인근에 조그마한 초콜릿 공방을 오픈하게 된다. 당시 주변의 반응은 이랬다.

'미. 쳤. 구. 나'!

초콜릿만 파는 가게를 한다니 부정적으로 보는 게 당연했다. 하지만 고영주 사장은 초콜릿이 사람들에게 기쁨을 주는 음식이고, 거기엔 분명 힘이 있다고 확신했다.

그렇다고 무작정 가게를 오픈한 것은 아니었다. 시장조사를 해보니 오프라인 매장에서 초콜릿만 팔아서는 임대료를 내기에도 버거울 판이었다.

"호텔이나 큰 베이커리 카페는 구색이 필요하죠. 고급스러운 수제 초콜릿도 몇 개 있어야 폼이 나니까요. 그렇다고 쇼콜라티에를 고용하기에는 부담스러우니 그걸 파악해서 납품하면 되겠다고 판단했어요."

예상은 적중했고, 떼돈을 벌지는 못했지만 그런대로 짭짤했다고 한다.

2006년 드디어 고영주 사장이 꿈꾸던 초콜릿 가게 〈카카오봄〉이 오픈했다. 오래된 얘기도 아닌데 우리나라에는 초콜릿 전문점이 전무후무하던 시절이었다. 모두가 반대만 하는 불안한 선택이었다. 하지만 벨기에 초콜릿 가게를 마음 속 롤 모델로 삼고 그 막막한 시간을 견뎌왔다.

그녀가 지금 행복한 이유는… 많은 사람들이 초콜릿 맛을 즐기기 때문이기도 하지만, 아이들과 한집에 살 수 있기 때문이다. 초콜릿은 그것을 가능케 해준 마법의 음식인 것이다.

몇 년 전, 한국에도 벨기에를 대표하는 초콜릿인 고디바가 상륙했다. 다들 벨기에 초콜릿을 표방하는 〈카카오봄〉이 망할 거라며 걱정했다. 하지만 고디바가 들어온 후, 오히려 〈카카오봄〉을 찾는 손님이 더 많아졌다. 초콜릿이 너무 비싸다고 칭얼거리던 손님들은 〈카카오봄〉의 초콜릿이 더 맛있다고 칭찬하기 시작했다. 분명 고디바보다 싸고 맛있다는 얘기일 것이다.

단언컨대, 고영주 사장의 초콜릿은 한국인의 입맛에 더 잘 맞다. 왜? 한국인이, 한국 제철 식품으로 만들었으니까. 물론 카카오는 예외다. 중남미나 아프리카에서 생산되는 농산물이라 유럽의 가공 공장을 통해 수입할 수밖에 없으니까.

하지만 '프랄린(praline)' ― 설탕에 졸인 견과류. 17세기 프랑스 외교관이자 설탕 제조업자인 세자르 드 슈와즐 뒤 플레시 프랄린(César de Choiseul du Plessis-Praslin, 1598-1675) 백작의 요리사가 만들었다고 전해진다. 아몬드, 헤이즐넛 등 견과류와 크림, 술, 버터, 초콜릿 등으로 속을 채운 한입 크기의 초콜릿을 의미하기도 한다. 벨기에의 초콜릿 명가 노이하우스에서 처음 만들어졌다. ― 에는 다양한 재료가 섞이는데 가급적 우리 제철 농산물을 쓴다. 예를 들어 〈카카오봄〉의 대표 메뉴인 '딸기 트리플'은 논산 딸기를 제철에 사서 동결 건조시켜 1년 내내 사용한다. 그밖에도 고영주 사장은 녹차 등 다양한 우리 농산물과 초콜릿을 접목하려는 노력을 아끼지 않고 있다.

초콜릿을 즐기는
또 하나의 문화

    나는 고영주 사장을 2014년 2월 14일 발렌타인데이에 처음 만났다. 초콜릿 가게가 가장 바쁜 날일 것이다.

"1년 장사까지는 아니고, 1년 수입의 3분의 1이 오늘 터집니다."

    그런 날 그 귀한 초콜릿을 들고 방송하러 와준 그가 너무 고마웠다. 맛이나 보라며 가져왔다는 초콜릿 상자 안에는 비싸서 사먹어 보지 못한 다양한 초콜릿이 들어 있었다. 한 입이라고 하기엔 다소 큰 초콜릿을 입에 넣는 순간 실감했다. '이게 바로 미식이구나.'

    몇 년 전부터 유명 수입산 초콜릿이 국내에 밀려오고 있고, 대기업도 질 좋은 초콜릿을 쏟아내고 있다. 어느새 초콜릿 전문점들도 많이 생겨났다. 그 틈바구니 속에서 고영주 사장이 성공할 수 있었던 이유는 무엇일까?

    "무엇보다 중요한 건 기술이죠. 하지만 저는 단순히 기술자로 남고 싶지는 않습니다. 초콜릿을 하나의 문화로 정착시키고 사람들과 초콜릿이 주는 기쁨과 즐거움을 나누고 싶어요."

    이것은 그의 꿈이기도 하다. 더불어 호호 할머니가 되어서도 본인 손으로 직접 초콜릿을 만들어 사람들과 즐거움을 나누고 싶다고 재차 강조한다.

    고영주 사장은 1967년생이다. 우리 나이로 쉰이다. 마흔 여덟에 그를 처음 만났는데 나이를 믿기 어려울 만큼 동안이었다. 30대, 그것도 초반으로밖에 보이지 않을 정도로 주름살이 없었다. 그 이유를 물었다.

"카카오는 항산화 작용을 하는데 식품 중에 으뜸이라고 해요. 초콜 릿을 많이 먹어서인지 아니면 초콜릿을 만드는 일 자체가 즐거워서인 지 정말 점점 젊어지는 것 같아요."

초콜릿을 먹으면 건강에 좋다는 연구 결과가 많다. 물론 설탕 함량이 적거나 아예 들어 있지 않은 초콜릿이어야 한다.

여타 식재료가 그렇듯이 카카오 역시 재료의 질에 따라 가격이 천 차만별이다. 고영주 사장은 최고의 재료만을 쓴다고 말할 수는 없다 고 했다. 그럴 경우 가격이 너무 고가가 될 테니까.

"최상급의 재료는 사용한다고 자신 있게 말씀드릴 수 있습니다. 손 님들이 먹었을 때 '아깝지 않다'라는 느낌을 주는 게 제 목표예요."

고영주 사장이 〈카카오봄〉을 오픈한 지 올해로 꼭 10년이 됐다. 그 사이에 수도권을 중심으로 수제 초콜릿이 많이 대중화됐다. 그 중심 에 〈카카오봄〉과 그가 있다.

돈도 많이 벌었냐는 다소 민망한 질문에 〈카카오봄〉의 유명세만큼 돈을 벌지는 못한다는 게 그의 하소연이다.

"하지만 지금껏 월세 안 밀리고 직원 월급 안 밀리고 있으니 만족 합니다."

〈카카오봄〉은 최근 이태원 경리단길 초입에 2호점을 오픈했다. 삼 청동에 있던 가게가 이전했다는 표현이 더 정확하겠다. 왜 이전했는지에 대한 질문에 그는 "장사가 너무 안 돼서"라고 답했다. 가게 위치로 모두들 강남을 지목했지만 고영주 사장은 왠지 그곳은 낯설었고 낯선 동네에서 장사할 자신이 없었다.

"저는 한적하고 걷기 좋은 동네를 좋아해요."

장사를 한적하고 걷기 좋은 동네에서 하다니 이것 참….

"저는 정말 장사에는 소질이 없나 봐요."

어쩌면 당연하다. 그는 초콜릿 장사가 아니라 초콜릿 장인이니까.

디저트가 식문화의 메인으로 떠오르기 시작했다. 7,000원짜리 김치찌개를 먹고서 4,000~5,000원 하는 커피에, 5,000~6,000원 하는 조각 케이크를 망설임 없이 사 먹는 요즘 사람들.

물론 비싸다고 해서 미식은 아니다. 미식이란 그 음식이 내게 기쁨과 즐거움을 줄 때 가능하다. 한 끼를 때우기 위한 끼니가 아니라 딱 한입만으로도 정신적 허기를, 외로움을, 스트레스를, 짜증을 날려버리고 기쁨과 즐거움을 선사하는 그런 음식이 미식이다.

디저트는 미식이 목표일 것이다. 하지만 미식이 발달하면서 부작용도 생긴다. 디저트는 밥보다 가격만 비싼 게 아니라 칼로리도 높다. 디저트에 열광하다가는 자칫 먹는 데 돈 쓰고 그러다 불어버린 체중 때문에 또 돈을 쓰게 될 것이다.

디저트는 배부르게 먹는 음식이 아니다. 초콜릿을 한입 크기로 만드는 데는 이유가 있다. 딱 한입! 내 입을 위해 투자하는 딱 한입만 먹는 게 디저트다. 고영주 사장의 바람대로 그 한입 크기의 초콜릿이 우리에게 기쁨과 즐거움을 선사하면 좋겠다.

장사의 맛 장사의 신이 공개하는 성공의 한 수

초판 인쇄 2016년 6월 10일 **초판 발행** 2016년 6월 20일
지은이 권혜진
펴낸이 천정한 **펴낸곳** 도서출판 정한책방 **출판등록** 2014년 11월 6일 제2015-000105호
주소 서울시 마포구 월드컵북로1길 30, 303호(서교동 동보빌딩)
전화 070-7724-4005 **팩스** 02-6971-8784
블로그 http://blog.naver.com/junghanbooks **이메일** junghanbooks@naver.com

ISBN 979-11-954650-5-7 (03320)

이 도서의 국립중앙도서관 출판예정도서목록(CIP)은
서지정보유통지원시스템 홈페이지(http://seoji.nl.go.kr)와
국가자료공동목록시스템(http://www.nl.go.kr/kolisnet)에서 이용하실 수 있습니다.
(CIP제어번호: CIP2016014145)